明治から大正の危機を救った

大隈重信の功績

議会政治をつくる苦闘の道

鈴木荘一

共栄書房

はじめに

大隈重信について、早稲田大学を創設した以外、何をしたのかよくわからないという人が多い。一流大学の教授でも、

「大隈は有名な割には、具体的に何をしたのか分からないから、嫌いな政治家です」

という人がいるし、早稲田大学関係者のなかでも、

「大隈がどんな人で、どういう功績を挙げたのか、本当のところはよく分からない」

と述べる人も少なくない。当時の有力紙『東京日日新聞』は大隈が死去した直後の社説で、

「（大隈重信の）政治家的生涯が、果たして成功と目すべきものであったか否か、おそらく後世の歴史家も、是れが論定に苦しむであらう如く、吾輩も亦同じく論定に苦しむものである」

（『東京日日新聞』大正十一年《一九二二年》一月十一日）

と述べている。

大隈重信は、政治家としてはいわば救援投手のような存在で、「一イニングを投げて無失点に抑えた」というに過ぎない。そこだけ見るなら「一イニングを無失点に抑えたからといって、

何が偉いのか？」という疑問が生じる。

　しかし試合の全体の流れを観《み》れば、大隈重信の偉大さが分かる。一点リードで迎えた最終回、先発投手が突如崩れてノーアウト満塁になってしまい、相手チームの打順はクリーンアップに回った絶対絶命のピンチに救援投手が登場して三者凡退に退け勝利をもぎ取ったとしたら、名投手と言える。このように大ピンチを幾度となく救ったのが大隈重信なのだ。だから大隈の功績を理解するには、わが国が陥った絶対絶命のピンチを理解しなければならない。

　確かに大隈の言動には矛盾が多い。大隈は郷里佐賀へ遊説したとき、佐賀の実業家への演説で「佐賀の経済的衰退は士族根性にある」と佐賀士族を批判する一方、佐賀の乱に参加して敗れた武富時敏（のちに蔵相）や佐賀の乱で刑死した江藤新平の息子江藤新作（衆議院選挙に六回連続当選）を物心両面で支援した。大隈にはこういう矛盾性があった。また大隈は禁酒団体と酒造業組合を一日のうちにはしごし、禁酒団体では「酒は身体の毒である」と言い、酒造業組合では「酒は百薬の長である」と説くこともあった。

　大隈にはこういう矛盾性が多々あるから、顕微鏡をのぞくように大隈の枝葉末節を見るのではなく、広角レンズで全体像を見れば、その偉大さが見えてくる。

　大隈は、リリーフで登板するまでは海底に棲《す》んで雌伏している深海魚のようにほとんど目立たず、片隅で閑居して研鑽努力を重ね勉学・思索にふけっていて、何をしているのか常人にはさっぱり分からない。しかし我が日本がいよいよ袋小路に入って危機に至るや、何処からともなくお声がかかって一気に浮上し、檜舞台に登って快刀乱麻のごとく諸懸案を解決する。そして問題を解決して平穏が訪れると、惜しまれつつ静かに舞台から降りてゆく。だから大隈の功績を理解するには、「わが国が陥った危機の状態がどうだったか」を理解する必要がある。

維新の三傑は西郷隆盛・木戸孝允・大久保利通である。大隈は第四の男として自力で這《は》い上がり、頭脳明晰にして雄弁、大器にして慎重、大胆ながら用意周到という矛盾性をはらみながら、明治から大正にかけてわが国の危機を救った後始末の男だった。

大隈は幕末から明治新政府への移行期に木戸孝允が行った「浦上四番崩れ」というキリシタン弾圧と、戊辰戦争で財政破綻した東西各藩の「贋金の発行」について列国から厳しく批判されたとき、強硬に抗議するイギリス公使パークスと対峙し、長崎で学んだ英語を駆使して撃退し、明治新政府の危機を救った。こうして頭角を現した。

大隈の母三井子は慈愛に満ちた賢明かつ信心深い女性だった。三井子は十九歳で知行三百石の佐賀藩士上級武士の大隈信保《のぶやす》に嫁ぎ長男重信を頭に二男二女を生んだが、嘉永三年（一八五〇年）四十四歳のとき夫信保が病死した。このとき大隈重信十二歳は藩校弘道館で儒教を学んでいた。しかし五年後の安政二年（一八五五年）、重信十七歳は儒教教育に反発して騒動をおこした。そして弘道館を退学し、英語を学ぶため長崎へ出てしまった。大隈がのちに早稲田大

学を創設するのは、藩校弘道館の儒教教育に対する反発が基礎にある。こういう場合、普通なら母三井子は、

「お前が儒教をお嫌いなのはよくわかるけど、そこを何とか我慢して弘道館を卒業し、亡父信保の家督を継いで、藩の重職につくなりして私を安心させておくれ」

というところであろう。しかるに母三井子は重信の弘道館退学と長崎出奔を心よく許し激励したのである。大隈重信は、母三井子について次のようなエピソードを語っている。

「わが輩は母一人の手で育てられたが、十五、六歳の時分からすこぶる乱暴者で、まるでがき大将のようであった。友人が盛んに遊びにくるので、わが輩の家はクラブの如きものであったが、母は大層人を愛し、客を好まれたから、わが輩の友人が訪ねてくることを非常に喜んで、手料理をこしらえて御馳走してくれた」

明治維新後、大隈は東京・築地にあった大隈邸（約五千坪）に長州の伊藤博文や井上馨、旧幕臣の渋沢栄一や前島密ら実務派若手官僚を集めて寝起きさせ、築地梁山泊と称された。

こうした大隈の人を愛し人と会うことが好きな包容力ある政治姿勢は、人を愛し慈善を施すことを好んだ母三井子の姿が投影したものであろう。

大隈を理解するにはわが国が抱え込んだ危機の実相を認識しなければならない。

日露戦争（〜一九〇五年九月）以降のわが国が抱えた困難は、戦費拡大により破綻した財政

の再建、ロシアの復讐戦に備える陸軍の師団増設要求、アメリカとの建艦競争に遅れまいとする海軍の軍艦建造予算要求という三重苦だった。加えてアメリカは、日露戦争に勝った日本の台頭を抑え込むため、対日征服計画である「オレンジ計画」を策定し「一九〇六年（明治三十九年）版オレンジ計画」は、

「日本を打ちのめすまで戦いを止めない無制限戦争とし、日本人を徹底的に抹殺する悲惨な結末を迎えるまで手を緩めず、日本人に徹底的ダメージを与えて屈服させる」

との固い決意を述べ、一九〇六年には戦艦三十三隻を擁するに至った。

かかるなか大隈は前述の三課題（財政再建、陸軍の師団増設要求、海軍の建艦予算要求）を解決したうえ、アメリカが「オレンジ計画」を発動することを封じ込めたのである。

すなわち大隈は矛盾した政治屋《ポリティシャン》どころか、どんな困難に直面しても容易にあきらめない強靭な精神力と一貫した理念をもった、実力ある在野の政治家《ステーツマン》だった。

大隈は長州閥、薩摩閥という強大な藩閥勢力の理不尽な権力に翻弄されながらも、イギリス流の議会政治を理想としてその実現を目指し、絶望的な困難のなかでも希望を失わず様々に知略を尽くし、強靭な精神力と楽天的な性格で首尾一貫して頑張り続けた。

また大隈は、厳しい状況のなかでも向上心を失わず誠実に生きている庶民に、心の底からの優しさを示した。

大隈の偉業は本来なら早大関係者によって記されるべきである。私は早大と何の関係もない

が、ある種の義侠心をもって、明治から大正における日本の危機を救った第一級の政治家大隈重信の功績を語ることとした。

令和五年九月

鈴木荘一

明治から大正の危機を救った大隈重信の功績——議会政治をつくる苦闘の道◆目次

第四章　第一次大隈重信内閣

第五章　日露戦争後の財政再建という難題

第六章　第二次大隈重信内閣の功績

第七章　元老山県有朋に潰された大隈内閣

補論　大隈重信の無念

第一章　英公使パークスとのキリシタン論争

大隈重信の登場

大隈重信は佐賀の人である。

明治維新は薩長土肥といって、薩摩・長州・土佐・肥前（佐賀）が原動力になった。とはいっても薩摩・長州が双璧で、土佐が続き、肥前（佐賀）は四番目の地味な存在だった。

維新の三傑は西郷・木戸・大久保である。明治新政府が明治二年六月二日に維新の功労者に賞典禄を下賜したとき、西郷の賞典禄は二千石。木戸・大久保・広沢真臣が千八百石、大村益次郎は千五百石、小松帯刀・後藤象二郎・伊地知正治・板垣退助・吉井友実らが一千石だった。大隈重信の名前はここに無い。大隈重信は倒幕・新政府樹立にほとんど功績が無く、権力者の後ろ盾も引きも無く、腕一本で「第四の男」として自力で這《は》い上がっていく傑物である。大隈重信とはいったい何者だったのか。

誰もが大隈の名を知っているが、大隈の偉大な業績を知る人は極めて少ない。大隈は頭脳明晰にして雄弁、大器にして慎重、大胆ながら用意周到。明治から大正にかけてわが国の発展に大いに寄与した人物である。しかし残念ながら、その真価はほとんど知られていない。

明治新政権は足取りもおぼつかないよちよち歩きであって、いつ倒れてもおかしくない危うい状態だった。このよちよち歩きの新政権を支えて、のちに「栄光の明治」と称賛されるまでもっていった偉大なる功労者の一人が大隈重信なのである。

明治新政府は政権発足直後、「浦上四番崩れ」というキリシタン弾圧を行ったところ、英国公使パークスから猛烈な抗議を受け窮地に陥った。パークスはかつて清国に滞在し、広東領事としてアロー号事件（第二次アヘン戦争ともいわれる）を仕掛けて広東の街を砲撃し、清国を降伏させた人物である。パークスは慶応元年（一八六五年）閏五月に来日するや薩長勢力に加担し、正統政府でありフランスが支援する幕府に無理難題を要求

イギリス公使パークス

して倒幕を実現させた剛腕である。薩長土肥を支援して幕府を倒し明治新政府をつくった英国公使パークスは明治新政府の有力な後ろ盾だったが、そのパークスから抗議を受けたのだから、明治新政府は窮地に陥った。パークスが明治新政府の支援から手を引けば、彼の支援で成立した明治新政権は倒れてしまうかもしれない。

このとき無名だった大隈は新政府代表に抜擢されてキリシタン問題について英公使パークスを論破し、新政府の窮地を救って頭角を現したのである。

江戸時代、キリシタンは隠れていた

昨今、旧統一教会問題が世情を騒がせているが、宗教問題はときの政権を揺るがすほど重い問題をはらんでいる。「信仰の自由」と「社会の安寧」が深刻な相克にいたる場合が往々にし

て生じるからである。

時代が大きく動いた江戸時代初期や明治時代初期も同様だった。

多くの人々が小説や創作映画をつうじて、幕府は島原の乱が終わった後もキリシタン弾圧を行った、と思いこんでいる。しかし島原の乱が終わった後の江戸時代、隠れキリシタンは文字どおり隠れ、幕府は厳しく監察しなかったから、大きな問題は生じていない。

島原の乱のとき決起して原城に籠城したキリシタン約三万人（島原勢約二万人、天草勢約一万人）とは別に、決起しなかったキリシタン（島原勢不詳、天草勢約五千人）がいた。

原城に籠城したキリシタンは、宣教師の指導を受けて「真正カトリック（教会から正しいと認定された、一神教であるカトリックの教え）」に帰依し、神社・仏閣を焼き神官・僧侶を殺害し、年貢の不払いを宣言して代官を殺害し、鉄砲などで武装し、ポルトガル軍など海外列強の来援を期待して幕府に反乱を起こし全滅した。

しかしこのときキリシタンのなかには、神道・仏教と共存する天草勢約五千人などの一群がいた。彼らは神官・僧侶を殺害したり納税を拒否したり代官を殺害したり武装蜂起や反乱を起こしたりはしなかったが、カトリック教会から「真正カトリック」とは認められなかった。

天草は上島、下島、大矢野島など大小一二〇余の島々から構成されて統一政権は樹立されず、島々は独立性が強く自治的性格をもち、仏教徒とキリシタンは混住し宗派はばらばらだった。

天草の農漁民は陸地では田畑を潤す雨が降り水が流れ、海では魚が獲れることを念願し、宗派を競わせて現世的利益をもたらす宗派を選ぶ性情があった。そのための祈祷は「当たるも八卦、外れるも八卦」だから、天草の農漁民の宗派はばらばらになったのである。天草二江村のキリシタン農民は、元和元年（一六一五年）頃、貯水池から田へ引く水が流れず困り山伏に祈祷を頼んだところ水が流れたので、山伏からもらったお札《ふだ》を大切に持っていた。すると教会から絶縁を宣告され、教会に平謝りに謝った、という。

当時の天草の人口は約二万五千人で、仏教徒約一万人、キリシタン約一万五千人。キリシタンのうち島原湾に面する大矢野島など北天草に住むキリシタンの老若男女約一万人が天草四郎の呼びかけに応じて島原の乱に決起し、原城に籠城して全滅した。

しかしとくに南天草に住み島原の乱に参加しなかったキリシタン約五千人は無事に残り、隠れキリシタンとなった。彼らは同じ集落の仏教徒と仲良く共存し、農業・漁業では共同作業をおこない、年貢を納め、幕府には逆らわず、降誕祭《クリスマス》などの祭祀を行い、十字を刻んだ仏像やマリア観音などを拝み、

「アメンジス、アメンジス。不慮の煩《わざわい》、頓死《とんし》、災難なきよう、お願い奉ります」

と唱えていた。しかし彼らは、代々伝えられ自分らが唱えているアメンジスという言葉の意味は分からなかった。わが国には、昔から伝えられてきたが意味の分からない言葉が少なくない。たとえば「ずいずいずっころばし、ごまみそずい」は誰でも知っているが、誰にもその意味はわからない。アメンジスもこれと似ていた。唱えている信者が分からないのだから、取り

調べる幕府役人も分からなかった。実は、アメンジスとは「アーメン、イエズスさま」という意味なのだが、もし摘発された隠れキリシタンが、

「親や先祖から『アメンジスとは阿弥陀如来のことだ』と聞かされてきました。私たちは阿弥陀如来に健康と豊作の願いをしているのです」

と陳述すれば、幕府当局はとくに追及せず、うやむやになった。

幕府当局は彼ら隠れキリシタンを真のキリシタンとは認定せず、

「隠れキリシタンとは信仰というより、先祖から受け継いだ習俗にすぎないのではないか。彼らが仏教徒と共存して悶着をおこさず、年貢を納め、幕府に逆らわないなら実害はない。アメンジスと唱えたり胸で十字を切ったりする奇妙な言動は、山伏が『臨《りん》・兵《ぴょう》・闘《とう》・者《しゃ》・皆《かい》・陣《じん》・列《れっ》・在《ざい》・前《ぜん》』と意味不明な呪文を唱え、手指を奇妙に動かす呪術のようなものだろう。隠れキリシタンは『邪宗・邪教』という大それたものではなく、山伏が信じる『異宗』のようなものだろう。十字を刻んだ仏像やマリア観音など奇妙な異仏を拝む隠れキリシタンは、無知蒙昧なるがゆえ『宗門心得違い』により異宗を信じているにすぎないのだから、罰することはせず、観音信仰など正しい仏教に帰依するよう、時間をかけて気長に教化いたせ。隠れキリシタンを厳しく罰して逃散され、年貢の納付が減っては困る。暴動にでも発展したら面倒だ」

と考えるようになっていた。

彼ら隠れキリシタンは、カトリック教会からは「真正カトリック」と認められず、幕府から

も「真のキリシタン」とは認定されない、宙ぶらりんの存在だったのである。

長崎の近郊に位置し幕府の天領だった浦上村では、江戸時代中期から明治時代初期にかけて幕府および明治新政府により、「浦上一番、二番、三番、四番崩れ」という隠れキリシタンの摘発事件があった。「崩れ」とは検挙事案という意味である。

このうちもっとも問題となった後述の「浦上四番崩れ」で摘発された隠れキリシタンの指導者高木仙右衛門（長崎町年寄の子孫。農業）は、幕府の認識と呼応するように、

「我らは、幕府に逆らった（一神教の真正カトリックの）天草四郎らとは無縁である。我らは仏教や神道と対立したり、天皇や将軍様に逆らうことはしない。家業や農作業に精を出し、年貢はきちんと納め、檀那寺に布施を納め神事・仏事を怠らず、幕府に従う」

との趣意を述べている。隠れキリシタンは幕府や地域社会と共存することにより生存を確保したのである。

幕府は念のため「絵踏み」を行った。絵踏みについて、隠れキリシタンの指導者吉郎右衛門（天草下島大江村の庄屋）は、

「絵踏みは、足の爪を立てたまま軽く行い、家に戻ったら足を洗い、その水をつつしんで飲む。こうすれば神の赦しが得られる」

との趣意を証言している。こうして隠れキリシタンは「踏み絵」を踏み、幕府役人は、

「全員が踏み絵を踏んだので、当地区に隠れキリシタンはいない」

と上司に報告して一件落着となった。

すなわち絵踏みとは、隠れキリシタンの存在を黙認する幕府役人と信仰を守る隠れキリシタンとの黙契（暗黙のうえで成立している合意のこと）だった、といえる。

だから島原の乱が終焉したのち江戸時代には「浦上一番、二番、三番崩れ」があったにせよ、大きなキリシタン問題は生じなかったのである。

アンジロー・ザビエル系カトリックと真正カトリック

日本に初めてカトリックを伝えた宣教師ザビエルは、マラッカで鹿児島出身の日本人アンジローに会って日本に関心をもちアンジローの案内で天文十八年（一五四九年）に鹿児島へ上陸し、アンジローを通訳として布教した。このとき日本人が受け入れやすいよう、

「天国《パライソ》は極楽浄土です。キリスト教の神《デウス》は大日如来です。聖母マリアは観世音菩薩です。大日如来の化身である神に祈りをささげなさい」

と説いた。これを聞いた鹿児島の人々は、

「ザビエルは釈迦が誕生した仏教の聖地インド（のゴア）から来た本家本元・正真正銘の仏教の一派である。ザビエルの説くところは、仏教の教説とまったく同じである」

と考え、キリスト教を「天竺宗」という仏教の一派と見なした。とくに「キリスト教の神《デウス》は

大日如来である」という所説は、日本古来の本地垂迹《ほんじすいじゃく》説（仏が世人を救うため神の姿をとって現れるという教説）に組み込まれていたので、当時の日本人に受け入れられた。通訳アンジローが伝え、鹿児島の人々たちから広く受け入れられた多分に多神教的な性格を有するこの教説を、本書では便宜上、「アンジロー・ザビエル系カトリック」と呼ぶこととする。

「キリスト教は仏教の一派」という見方は信長・秀吉・家康に受け継がれ、家康もキリスト教を天竺宗というバタくさい仏教の一派と見て、

「日本の在来宗教三十五宗に、天竺宗（キリスト教のこと）が加わり、三十六宗になっても問題ない」

と言って、キリスト教排撃を唱える仏僧らを抑えており、宣教師が抑制した布教にとどまるなら大目に見る方針だった。

だから幕府から疑いをかけられ尋問された隠れキリシタンが、

「デウスは大日如来で、アメンジスは阿弥陀如来で、聖母マリアは観世音菩薩です」

と述べれば、幕府はあえて問題としなかったのである。

しかしザビエルの離日後に来日した宣教師らは、日本人が受け入れた多神教的な「アンジロー・ザビエル系カトリック」が余りにも日本風に歪曲され、一神教であるカトリックの本来の教義である「真正カトリック」と著しくかけ離れていたから大いに困惑し、日本人信徒をア

ンジロー・ザビエル系カトリックから真正カトリックへ改宗（カトリック教会では「帰正」といっている）させるため大変な努力を重ねた。このためとくに長崎文化圏において、多神教的な「アンジロー・ザビエル系カトリック」から一神教の「真正カトリック」への帰正（改宗）が進み、「真正カトリック」の割合が増えてきた。

こうした懸命な努力を重ねた一人で永禄六年（一五六三年）に来日した宣教師フロイスは、「日本人は、神《デウス》を阿弥陀如来と、イエス・キリストを釈迦と同一視している」と困惑した。しかし多神教的な「アンジロー・ザビエル系カトリック」を信奉する日本人キリシタンは、神《デウス》を阿弥陀如来と、イエス・キリストを釈迦と、聖母マリアを観世音菩薩と同一視していたからこそ、迫害を受けなかったのである。

こうして日本人キリシタンの間で、多神教的な「アンジロー・ザビエル系カトリック」と一神教の「真正カトリック」の二大潮流が形成されたが、「真正カトリック」に帰正（改宗）した日本人キリシタンは第三代将軍家光のときポルトガル軍の来援を期待して島原の乱を起こし全滅した。だから日本における「真正カトリック」は消滅してしまい、日本人キリシタンの二大潮流は片肺になり、島原の乱に参加しなかった反戦かつノンポリの多神教的な「アンジロー・ザビエル系カトリック」だけが残ったのである。

家康は「在来宗教三十五宗に天竺宗が加わり三十六宗になっても問題ない」と判断しており、

幕府は多神教的な「アンジロー・ザビエル系カトリック」を天竺宗というバタくさい仏教の一派と見ているのだから、隠れキリシタンが細々とキリスト教信仰を守っていても、寺院を襲撃して仏僧を殺害したり年貢の納税を拒否したり内乱を起こしたりしないなら、なんら問題ない。幕府は隠れキリシタンの存在を黙認していたのである。

幕末になって隠れキリシタンが名乗りでる

幕末になると大老井伊直弼が開国に踏み切り、日米通商条約が安政五年六月十九日（一八五八年七月二十九日）に結ばれた。

さらにフランスとの間で日仏通商条約が安政五年九月三日（一八五八年十月九日）に結ばれると、これに基づき長崎に住むフランス人の日曜礼拝のための礼拝堂として元治二年一月二十四日（一八六五年二月十九日）にカトリック教会の大浦天主堂（今の長崎市南山手町）が建設され、付近の住民らは物珍しさから「フランス寺」と呼び、数多く見物に訪れた。そして元治二年二月二十日（一八六五年三月十七日）に浦上村の住民十数名が天主堂を訪れたとき、そのうちの一人の女性杉本百合五十二歳がフランス人カトリック宣教師プティジャン司教に近づき、「我らの胸、あなたの胸と同じ（私たちの信仰は、あなたの信仰と同じです）」

とささやき、自分らが隠れキリシタンであることを告げた。

プティジャン司教は信仰を守ってきた隠れキリシタンの発見に感動し、そののち外国人神父らは長崎周辺の浦上村、西彼杵半島の外海地区などへ出向いて多くの隠れキリシタンを発見し、彼らに正しいカトリックの教義を指導し、さらに洗礼を授けた。

これを問題視した長崎奉行所は、慶応三年（一八六七年）六月十三日深夜、ロケーニュ神父（フランス人。プティジャン司教の補佐司教）が浦上村で日本人信徒に秘かに洗礼を授けるところを急襲し、隠れキリシタン六十八人を摘発した。正直なところ幕府当局は、

「キリシタンは居ないことになっているから、隠れキリシタンは静かに隠れていてほしい。彼らは先祖から受け継いだ習俗を行っているにすぎず、キリスト教信仰とは言えない」

という事なかれ主義だったから、列強の圧力をも顧慮し、摘発した隠れキリシタンに、

「外国人神父と会ってはならない。キリシタンと誤解される怪しげな祭礼や言動を控えよ」

などと厳重説諭し、処分保留のまま村へ帰して庄屋預けとした。

この件についてフランス公使ロッシュが布教権の容認を求めて幕府に厳重抗議を行ったので、八月二十四日にロッシュと将軍徳川慶喜が大坂城で面談して話し合った。当時、幕府はフランスと同盟関係にあり、薩長反幕勢力はイギリスと同盟関係にあったから、将軍徳川慶喜と仏国公使ロッシュは交渉の結果、

「外国人神父は日本人に布教したり洗礼を授けたりしない。幕府は日本人信徒に拷問・入牢など手荒なことをしない」

との穏便方針で合意した。このときは幕府が政権を担っていたのだ。

これが「浦上四番崩れ」の発端となった。

浦上四番崩れ

ところが二カ月後の慶応三年十月に大政奉還がおこなわれ、慶応四年（一八六八年）一月に鳥羽伏見戦が勃発し、幕府は消滅してしまった。

そこで「浦上四番崩れ」の隠れキリシタン問題は、明治新政府に移管された。

この件について明治新政府を代表した長州藩木戸孝允が長崎を訪れて、隠れキリシタンの摘発・捕縛を進め、信徒一一四名を津和野・萩・福山へ流罪とした。そののち明治三年（一八七〇年）までに隠れキリシタンをつぎつぎに摘発・捕縛し、流刑先で水責め・雪責め・氷責め・火責め・飢餓拷問・箱詰め、磔などを行った。配流された者の数三千三百余人、うち六百余人が命を落とした、とされる。

こうした厳刑は、徳川中期以降には決して見られない過酷・陰惨・残虐なものだった。

そもそも神道は多神教的であって一神教ではないが、長州藩木戸孝允らの活動の原点である尊皇攘夷運動は、平田篤胤が大成した復古神道から強い影響を受けた。さらに、「一神教であるキリスト教を奉じる西欧列強に対抗するには、神道を国教として祭政一致の神武創業の神権政治へ戻し、天皇を頂点とする国家神道によりわが国を統治すべき」とする一神教的イデオロギーの色彩を強めた。岩倉具視は慶応三年十二月九日に「王政復古の大号令」を発して神武創業の神権政治へ戻ることを宣言し、明治政府は慶応四年（一八六八年）三月十三日に「神仏分離令」を発して神道と仏教を分離させ、さらに神道国教化によって神道を国家統合の基幹に据えるべく、明治三年（一八七〇年）一月三日に「大教宣布の詔」を発して神社神道を保護し、神道を国民に宣布するよう命じて神仏習合を廃した。そして国家神道への一元化を完成させ神道を国教とした。

このように尊皇攘夷運動のイデオロギーが一神教的国家神道への帰依だったから、明治新政府は仏教を排撃する廃仏毀釈という蛮行を行い、多くの寺院・仏像・仏具を破壊し、経典を焼き、僧侶に還俗を強要した。奈良の興福寺は明治七年（一八七四年）頃には廃寺同然となって五重塔は薪《たきぎ》になる寸前となり、興福寺と並ぶ大寺として壮大な伽藍を誇った内山永久寺は徹底的に破壊され、今やその痕跡すら残っていない。境内に安徳天皇陵を置き平家一門を弔い『耳なし芳一』の舞台とされた阿弥陀寺は、廃されて赤間神宮となり現在に至る。

このように明治新政府は幕府が尊崇した仏教を排撃したくらいだから、幕府が容認しなかったキリスト教を認めるべくもなく、キリスト教の排斥は熾烈なものとなった。そのうえ最高実力者の一人木戸孝允は元来残忍な性格であり、その尊皇攘夷運動のイデオロギーの原点が一神教的イデオロギーの強い国家神道への帰依だったから、「浦上四番崩れ」における明治政府の一神教であるキリスト教に対する弾圧は、言語を絶する残忍・酸鼻なものとなったのである。

このため明治政府は、列国を代表するイギリス公使パークスから強烈な抗議を受けた。

パークスと激論を交わした大隈重信

かかるなか、ほとんど無名だった佐賀藩の大隈重信が慶応四年（一八六八年）三月十七日に外国事務局判事に任ぜられて日本側代表となり、慶応四年閏四月三日（五月二十四日）に大阪東本願寺にて、総裁山階宮晃親王《やましなのみやあきら》以下議定・参与らが参列する前で、列国を代表して「浦上四番崩れ」に猛烈に抗議する英国公使パークスと激論を交わして論破し、長州藩木戸孝允の「尻ぬぐい」をした。通訳はイギリス側がアーネスト・サトウ、日本側はドイツ人アレクサンダー・フォン・シーボルトだった。

無名だった佐賀藩の大隈重信が日本側代表となったのは、英国公使パークスと議論できる論客がほかにいなかったからである。大政奉還（慶応三年十月）に続く鳥羽伏見戦（慶応四年一月）で幕府が消滅し長崎奉行ら幕府役人が長崎を去ると薩長土肥が長崎を接収したが、各国領事・外国商人と日本側とで日々生じる悶着《もめごと》に対応できる者は大隈重信しかいなかった。だから大隈重信が抜擢され、「浦上四番崩れ」について列国を代表して猛烈に抗議する英国公使パークスの矢面に立って存在感を示したのである。

英国公使パークスは非常な剛腹で自信家であり、交渉の途中で凶暴の態を成すことがあり、厄介な交渉相手とみられていた。これに対する大隈重信も長崎で各国領事や外国商人を相手に数々の激烈なる談判を行ってきたから、パークスと大隈の談判は「いいとこ勝負」で、火の出るような激烈なものとなった。

まず最初にパークスが、ジャブを放ち、

「大隈のような身分の低い下級官吏とは交渉できない」

と門前払いして、大隈との論争を拒絶しようとした。すると大隈は、

「貴殿がイギリス国王の名代としてイギリス政府を代表するように、自分大隈は天皇の名代として日本政府を代表している。代理人同士の談判が不都合で、貴殿が自分大隈と交渉しないと言うなら談判は成立しないから、貴殿はわが国に対する抗議の一切を撤回せよ」

と言い放った。一本とられた英国公使パークスは、不承々々、交渉を開始し、

「日本はけしからぬ野蛮国である。浦上キリシタン事件で囚われた日本人キリスト教徒を今すぐ直ちに解放し、日本はキリスト教の禁制を解除せよ。そして信教の自由を認めよ」

と強硬に抗議した。英公使パークスら欧米人は、自国にとって何か不都合なことがあると、すぐ、

「お前の国は野蛮国だ」

と悪態をつく傾向がある。すると多くの日本人は、

「やはり我々は野蛮なのかなあ」

と思い込んでついつい押し込まれがちだ。しかし大隈は悪びれずにパークスに逆襲し、

「キリスト教禁制を解除すべきか否かはわが国の内政問題であり、外国から指図される筋合いに無い。わが国は現時点でキリスト教の禁制を解除する意思はない。浦上キリシタン事件で日

本人キリスト教徒を囚えたのは、国内法に則って行ったことである。日本人を日本の法律によって罰することは一国の権利であり、外国から干渉を受ける筋合いはない」

と突っぱねた。

するとパークスは激怒して大げさにテーブルを叩き、

「文明国はどこでも信仰の自由を保障している。信仰の自由を保障しない日本は野蛮国以下である。信仰の自由を推奨する我々先進国の親切を排斥する日本に未来はないッ!」

と迫った。これに対して大隈は、いよいよ本領を発揮し、

「ヨーロッパの歴史はキリスト教の歴史であり、戦争の歴史である。すなわち世界に戦争をもたらしたのはキリスト教であり、キリスト教の歴史は戦争と侵略の歴史である。ローマ教皇は世界に戦乱の風波を惹起し、世界の人々を絶えざる戦争による塗炭の辛苦に陥らしめたのである。すなわちキリストは地上に、平和ではなく、剣を送ったのである。そしてキリスト教国の国王らは、宗派の違う者たちを牢屋に入れたり虐殺したのである。近年になってそういう弾圧が少なくなったとはいえ、かつて宗派の違う者たちを弾圧したり虐殺した貴殿らから、わが国の現状について説教されるいわれはないッ!」

とパークスに反論し、突っぱねた。

これは大隈重信が後述のとおり長崎でプロテスタント系のアメリカ人宣教師フルベッキから新約聖書やアメリカ独立宣言を学び、キリスト教の歴史が戦争と侵略と弾圧の歴史であること

を知っていたからできた反撃なのである。これが大隈の教養と弁論術だった。

痛いところを衝《つ》かれたパークスはますます怒り狂って、

「かつてキリスト教に多少の誤りがあったにせよ、キリスト教によって文明が進化したのである。日本もキリスト教の禁制を解除すべきである。さもなければ日本は必ずや滅亡するであろう！」

と吠えた。すると大隈は冷ややかに冷笑してパークスを見下し、

「日本が滅びるのは、いたずらに外国人の指揮に従ったときである。日本の事情は、貴殿より日本人の方が知り尽くしている。現時点でキリスト教を許可することは出来ないッ！」

と宣言した。するとパークスはついに言葉に詰まった。

朝十時から始まった談判は、昼食もとらずブッ続けで行われ、いつ果てるとも知れず。ついに夕方に至り、双方ともヘトヘトに疲れ果て、結局、物別れに終わった。

パークスの副官でイギリス側通訳として論争に立ち会ったアーネスト・サトウは、

「大隈という若侍が『自分は聖書や祈祷書を読んでいるから、この問題は充分心得ている』と我々の前で見えを切った」（『一外交官の見た明治維新』）

と証言している。また日本側通訳を務めたアレクサンダー・シーボルトは会談ののち、

「パークスが『今日の談判は大いに驚いた。これまで日本で大隈の様な者と談判したことは無い』と言った。パークスは日本外交官を、少しは尊敬したようだ」

と語った。この話を聞いた岩倉、三条ら政府首脳は安堵し、大隈の評価が高まった。こののち明治政府は弾圧の手を緩めたので、ほどなく列国からの抗議は沈静化した。無名だった大隈重信は、こうした論客として頭角を現したのである。

大隈重信を育てた佐賀藩

そもそも佐賀藩は、かつて幕府から長崎奉行を支える長崎御番（長崎を警護する役目）を命じられ、長崎湾に砲台を設置し、兵員を配備して不審な異国船の襲来に備えた。場合によっては、異国船を尋問しなければならない。和戦両様である。佐賀藩は長崎湾の高台に見張所を設け、遠眼鏡で怪しい異国船を見つけると三十里（約一二〇キロ）離れた佐賀へ急使を送り、佐賀藩庁は城下十余カ所の寺院などで早鐘を鳴らし、藩士は所定の場所へ駆け付ける仕組みになっていた。このため多くの佐賀藩士が長崎との間を往来し砲術の技量向上を目指すなか、長崎の町に横溢するヨーロッパ近代文化やオランダ医学に触れた。

かかるなか佐賀藩十代藩主鍋島直正（閑叟）は軍事技術や科学技術の導入に努め、反射炉の建設やアームストロング砲の製造や蒸気船「凌風丸」の建造に成功し、また天然痘を根絶するため長崎のオランダ商館から牛痘苗を入手して嘉永元年（一八四八年）六月に種痘を実施した。これが佐賀藩の科学技術重視主義である。

佐賀藩では、こういう環境のなかで、大隈重信・江藤新平・副島種臣らが台頭する。

このように佐賀藩は長崎御番として長崎奉行の指揮に従い、怪しい異国船が来航したら尋問したり討ち払う役目だったが、大政奉還・鳥羽伏見戦で幕府の長崎奉行がいなくなったのだから、佐賀藩士が長崎奉行の代わりに在留外国人と交渉するのは自然な姿だった。

こうして大隈は得意の英語を駆使し各国領事や外国商人と交渉して頭角を現し、慶応四年三月に明治新政府から外国事務局判事に任ぜられ、「浦上四番崩れ」について列国を代表するイギリス公使パークスと交渉し存在感を示したのである。

大隈重信は天保九年（一八三八年）に佐賀藩で石火矢頭人《いしびやがしら》という大砲隊長を務める上級藩士大隈信保（知行三百石、役料百二十石、計四百二十石）の嫡男（幼名八太郎。末広がりに発展する長男という意味）として生まれ、六歳で藩校弘道館に入校した。大隈が十二歳の嘉永三年（一八五〇年）に父信保は急病死した。そして大隈が十五歳の嘉永六年（一八五三年）にアメリカ・ペリー艦隊が来航した。このころから大隈は儒教が嫌いになった。多くの日本人がペリー艦隊に驚愕して、

「太平の眠りをさます上喜撰（蒸気船）　たった四杯で夜もねむれず」

と言ったにしても、大隈は石火矢頭人の嫡男なのだから、砲術を学んでペリー艦隊を撃退する役目なのである。大砲を撃つには、砲身が耐えうる最大限の火薬を詰め、目標との距離を測って砲撃角度を決めなければならない。理学的知識と数学的知識が必要である。

こうして大隈の儒教嫌いに拍車がかかり、蘭学への憧憬が深まった。

藩校弘道館は六歳くらいで入学し、卒業は二十五歳頃である。教育期間は十九年間だった。だから十五歳の大隈は、あと十年間、何の役にも立たない、

「子《し》のたまわく」

をやらなければならない。

焦燥にかられた大隈は、十七歳になった安政二年（一八五五年）、弘道館で仲間を集め、

「儒教は、幾多の俊秀を凡庸に堕さしめる元凶である！　儒教教育を行う弘道館を廃止せよッ！　弘道館生徒を全員、実学を教える蘭学寮へ移すべし！　西洋の蒸気船がひんぱんに来航するなか、実学を学ばなければ、どうにもならないではないかッ！」

と唱えて乱暴・狼藉に及んだ。当時の佐賀藩には、藩の指導層を養成する藩校弘道館と、佐賀藩砲術方の下部組織で砲術・大砲鋳造など理系技術・蘭学など実学を教える蘭学寮があった。弘道館は藩エリートへの登竜門で、蘭学寮はかなり格下の実業・専門学校だった。大隈の主張は藩の教育基本方針に反旗をひるがしたものだったから、大問題になった。

私が学生のとき、安田講堂事件で有名な大学紛争があって、左翼学生諸君が、

「世情と遊離した今の大学を解体すべし」

と大学解体論を唱えて大騒動になった。藩校弘道館における大隈の乱暴・狼藉は、日本初ともいうべき「安政年間の学生運動」だったのだろうか。

これだけの騒動をおこした大隈は弘道館を追われ、翌安政三年（一八五六年）、蘭学寮へ転じた。しかし蘭学寮の物理・化学・数学などの授業は高度で案外に難しく、大隈はついていけず、砲術学や製錬学は身につかなかった。なんとか会得できたのはオランダ語くらいで、蘭書をつうじて西洋史や西洋の政治体制などを知ることができた。

このの ち安政七年（一八六〇年）三月に井伊大老が暗殺（桜田門外の変）され風雲急を告げると、同年四月、佐賀藩は教育方針を改め、弘道館と蘭学寮の連携を強めて弘道館教育を短縮させ、弘道館の優秀な生徒をできるだけ早く多く蘭学寮へ進めさせた。そして蘭学寮は文久元年（一八六一年）に弘道館に吸収合併される。明治政権初期において、佐賀人士がわが国の近代化に多くの功績を挙げたのは、この教育改革の成果かもしれない。

大隈は二十三歳の文久元年に蘭学寮のオランダ語教官になり、鍋島直正（閑叟）にオランダの政治体制や憲法を講義する機会を得た。

佐賀藩は、この文久元年、中牟田倉之助（のちに海軍軍令部長）に長崎へ出て英語を学ぶよう命じた。そこで大隈重信も長崎で英語を学ぶことを望んだが、佐賀藩首脳陣は、

「大隈の如き乱暴者を長崎に出すことは、虎を野に放つようなものだ。何をしでかすか分からない」

として却下する方針だった。このとき鍋島直正（閑叟）が、

「いかに少壮客気の書生といえども、当藩の名誉を汚すことはあるまい」

と述べて、大隈の長崎遊学を許可した。こうして大隈は文久二年（一八六二年）に長崎へ出てアメリカ人宣教師フルベッキから英語と英学の個人授業を受けることとなった。

のちに大隈が早稲田大学を創設するのは、藩校弘道館の儒教教育に対する反発がある。

何はともあれ徳川政権下で出世しようとするなら、儒教教育を我慢して藩校弘道館を卒業しなければならない。大隈は佐賀藩上級藩士の嫡男で頭脳明晰なのだから、儒教教育を我慢して藩校弘道館をでれば、佐賀藩の家老くらいにはなれたのではなかろうか。しかし大隈はこの恵まれた道を捨て、新しい知識を求めて長崎へ遊学したのである。

中津藩の下級藩士福沢百助の次男として生まれ慶應義塾を創設した福沢諭吉は、活躍の場を与えられなかった父百助の無念を思って、

「門閥制度は親の敵でござる」（『福翁自伝』）

と述べたが、佐賀藩上級藩士の嫡男に生まれた大隈に、そういう屈折感は無かった。

儒教を嫌って弘道館を退学し、恵まれた出世の道を捨て、長崎へ出るいばらの道を選んだ大隈は、アメリカ人宣教師フルベッキから英語と英学を学んで人生をスタートさせた。

こうした大隈の「出世より学問が大事」という気持ちは、早稲田の在野精神に継承されている。

しかし大隈家の親類はいずれも佐賀藩の上級武士層だったから、重信が弘道館を退学して出世の道を捨てたことを激しく非難した。四面楚歌に陥って困惑した重信を支えたのは、母三井

子の慈愛に満ちた激励だった。夫と死別した母三井子（佐賀藩士杉本牧太の次女）としては、普通なら重信が弘道館を卒業して亡夫信保の石火矢頭人四百二十石を継ぐことを願うのだろうけれども、弘道館を退学し出世の道を捨てた大隈を激励した。こうして儒教と決別し出世の道だった弘道館を退学したことが、のちの大隈重信に栄光をもたらす。

フルベッキはオランダの敬虔なるプロテスタントの家に生まれ洗礼を受けたのち二十二歳の嘉永五年（一八五二年）にアメリカへ渡り、アメリカ国籍を申請。神学校で学び宣教師になった。こののち宣教師であることを隠し英語教師として安政六年（一八五九年）に来日し長崎の崇福寺に住み、文久二年（一八六二年）、フルベッキの元を訪れた佐賀藩の大隈重信と副島種臣に英語を教えた。さらに元治元年（一八六四年）に長崎奉行が開設した長崎英語伝習所（のちに済美館）の英語教師に雇用され、慶応三年（一八六七年）には佐賀藩が英学習得のため長崎に設立した蕃学稽古所（翌年に致遠館へ改称）で教えた。佐賀藩・蕃学稽古所は学監（学長のこと）が副島、主任教諭フルベッキ、生徒三十人でスタートした。こののち大隈と副島は蕃学稽古所（または致遠館）で、フルベッキの不在時など生徒を教えるようになる。

フルベッキは自分が宣教師であることを隠していたが、英語の教材として新約聖書やアメリカ独立宣言を使ったから、ちゃっかり宣教師の仕事もしたのである。そして大隈はアメリカ合衆国憲法と新約聖書を理解し、フルベッキからもらった聖書を持っていた。

そもそもイギリスの圧政に耐え兼ねたプロテスタントが新約聖書を奉じてイギリスからアメリカ大陸へ渡り、イギリスと戦って独立を果たすのであり、その思潮がアメリカ独立宣言で謳われている。だから大隈がプロテスタント宣教師フルベッキから新約聖書やアメリカ独立宣言を学んだことは、プロテスタンティズムというべき近代思想を終始一貫して受けたのだ、といえる。さらに大隈はプロテスタントが建国したオランダの憲法を読み、イギリスやアメリカの議会制度を知り、自由と権利の獲得のためには立憲政治が必要であると痛感した。なかでもとくにイギリス議会制度に傾倒した。

このことについて大隈は、のちに、

「最も脳漿を刺激したのはオランダの建国法なり。これこそ余が立憲思想を起こしたる濫觴《らんしょう》にて、これまで多年、立憲政体の設立に苦心したのは、この思想の発達した結果なり」

と述べている。のちに大隈が改進党を創設し、さらに二大政党制の実現を目指すのは、イギリスやアメリカの議会のように政権交代可能な立憲政治を理想としたのであろう。

長崎文化圏における「浦上崩れ」

さきほど私は、

「浦上村では、江戸時代中期から明治時代初期にかけて幕府および明治新政府により、浦上一番、二番、三番、四番崩れという隠れキリシタンの摘発事件があった」

と述べ、明治新政府が厳しく弾圧した「浦上四番崩れ」について詳述した。

この項では、江戸中期にあった「浦上一番、二番、三番崩れ」について説明する。

前述の島原の乱は正しくは「島原・天草の乱」と呼ばれ、精確に言うなら「南島原・北天草の乱」あるいは「島原湾の乱」というべきもので、「島原湾という海の文化圏」で発生した。この地域は広義には「長崎文化圏」に属する。そして一神教の「真正カトリック」であり日本人キリシタンのコア層でもあった南島原の一揆勢約二万人と北天草の一揆勢約一万人は、原城に籠城して全滅した。

前述のとおり日本人キリシタンの間で、多神教的な「アンジロー・ザビエル系カトリック」と一神教の「真正カトリック」の二大潮流が形成されていたが、島原の乱で「真正カトリック」の日本人キリシタンは全滅してしまい、島原の乱に参加しなかった「アンジロー・ザビエル系カトリック」の南天草のキリシタン約五千人らが隠れキリシタンとなって生き残り、幕府と妥協して細々とキリスト教信仰を守り、平穏を保っていた。

しかし「真正カトリック」への帰正（改宗）が進んだ長崎文化圏の中心部に近い浦上村（今の長崎市本尾町）などでは、島原の乱の鎮圧後もなお熱量を保っていた。だから苦難が待ち受けていた。こうして浦上村を舞台に「浦上崩れ」が起きたのである。

「浦上一番崩れ」は寛政二年（一七九〇年）に浦上村の庄屋・高谷永左衛門が円福寺に八十八体の石仏を寄付するため村人に寄進を迫ったところ、多くの村人が寄進を断ったため、激怒した高谷永左衛門は寄進を断った村人十九名をキリシタンとして告発した。ところが証拠不充分だったうえ、高谷永左衛門と長崎奉行所との贈収賄事件が発覚したので、寛政七年（一七九五年）、告発された村人十九名は無罪放免となり事態は収拾した。

寄進を迫られ断った村人としても、キリシタン信仰とは関係なく、

「生活が苦しく寄進する余裕はない」

というのが主な理由であろうから、庄屋・高谷永左衛門が、

「石仏の寄進を断ったのはキリシタンだ」

とお上に訴えて出たのは論理矛盾も甚だしい。長崎奉行所も余計な仕事が舞い込んで、さぞや迷惑だっただろう。

「浦上二番崩れ」とは天保十三年（一八四二年）に「浦上村の住民が隠れキリシタンである」との密告があり、利五郎らが摘発された。しかし捕らえられた者は誰一人として自分らがキリシタンであると認めず、確たる証拠もなかった。

そこで長崎奉行所は致しかたなく証拠不充分とし、捕らえた者に、

「今後は誤解を受けぬように留意せよ」

と厳重注意を行ったうえ全員を釈放した。


このの ち「浦上三番崩れ」が起きた。

前述のとおり隠れキリシタンは「踏み絵」を踏み、幕府役人は、

「厳重に探査した結果、全員が踏み絵を踏んだので管内に隠れキリシタンは一人もいない」

と上司に報告して一件落着となっている。

長崎奉行は一言でいえば「事なかれ主義」であり、絵踏みとは隠れキリシタンの存在を黙認する幕府役人と信仰を守る隠れキリシタンとの黙契だった。幕府と隠れキリシタンは馴れ合っていたのだ。

しかしそのうち、この黙契を破る者が出てきた。それが「浦上三番崩れ」である。棄教した元隠れキリシタンが、長崎奉行所に「浦上村に隠れキリシタンがいる」と密告したのである。

これには長崎奉行も困った。いまさら隠れキリシタンが出てきても困る。

幕閣には「管内に隠れキリシタンは居ない」と報告済であるのに、棄教した元隠れキリシタンから密告があがったと表沙汰となれば、長崎奉行は幕閣から、

「おのれその方ッ！　かつて『管内に隠れキリシタンは居ない』と報告したではないかッ！　あれは探索不行き届きだったのかッ！」

と職務懈怠を厳重叱責され切腹となりかねない。だから長崎奉行は立場を失った。告発者が内情を知る元隠れキリシタンだったから、長崎奉行所としても無視することはできず、安政三年（一八五六年）九月十八日、吉蔵ら十五人を捕縛し、大規模かつ徹底的な取調べが行われ、捕縛された十五人のほとんどが獄死した。本件について長崎奉行は、

「吉蔵らは先祖の教えを守っただけで、禁じられたキリシタンの教えとは知らなかった。従って無罪。浦上村にキリシタンはいなかった」

と裁定し、無罪・獄死という「事なかれ主義」で、もみ消してしまった。

幕府の基本姿勢は「見て見ぬふりのお目こぼし」だったのである。

しかしなぜ、棄教した元隠れキリシタンは長崎奉行所に「浦上村に隠れキリシタンがいる」と密告し、かつての仲間を売ったのだろうか？　仲間を売ってまでも褒美という金《かね》が欲しかったのか？

なお長崎奉行所のこの裁判記録は、百六十余年たった現在でも保存されている。宗教に関わる裁判は、古今東西、見方や立場によっていろいろな見解を生じる。だからこれを後世の歴史家の判断にゆだねた幕府の記録保存は、幕府の誠実さを示すだけでなく、公平な裁きを行ったことを後世に伝える幕府の責任感だったであろう。幕府は、

「天はすべてを見ているのだ。だから裁判記録を隠蔽したり焼却したりしない」

と考えて裁判記録を永久保存としたのだろう。見上げた心掛けである。長崎奉行所は、

「われらは『事なかれ主義』でなく、『大岡裁き』を行ったのだ。やましいことは何一つない。疑念があるなら、裁判記録を見てくれ」

と自負していたかもしれない。

こののち幕末になって、前述の「浦上四番崩れ」が起きたのである。

第二章　西郷留守政府を支えた大隈重信

贋金問題についてパークスと交渉した大隈重信

大隈重信は財政や会計の知識をもたなかった。しかし明治新政府に英公使パークスと交渉できる者は大隈以外にいなかったので、明治二年（一八六九年）一月十二日に会計官御用掛に任ぜられ、次の外交懸案である贋金問題についてパークスと交渉した。

贋金問題は、大久保利通が戊辰戦争という無意味な流血を引き起こしたことから生じた。

最後の将軍徳川慶喜は、慶応三年（一八六七年）十月十四日、大政奉還を行う。

大久保利通は、この六日前の慶応三年十月八日、西郷隆盛・小松帯刀と連名で中山前大納言と正親町三条大納言に「討幕の宣旨を下す請願書」を提出し、

「国家の為、干戈を以て其罪を討ち、奸凶を騒擾し、王室恢復の大業相遂げたく、義挙にあい及び候につき、宣旨降下あい成り候ところ。御尽力成し下されたく願い奉り候。（現代語訳：国家のため武力により徳川の罪を討ち、幕府の凶暴な奸物を掃討して王政復古の大業を行いたいので、討幕の勅命が下るようご尽力願いたい）」（『大久保利通文書』）

と請願。討幕の密勅が、大政奉還が行われたのと同じ慶応三年（一八六七年）十月十四日、朝廷から大久保利通（薩摩）と広沢真臣（長州）に授けられた。そこには、

「汝、宜しく朕の心を体し、賊臣慶喜を殄戮（殺し尽くすこと）せよ。会津宰相（松平容保）、桑名中将（松平定敬）に速やかに誅戮（罪を責めて滅ぼすこと）を加うべきこと」

と記されていた。討幕の密勅は摂政二条斉敬《なりゆき》の名が無く、前大納言中山忠能、前大納言正親町三条実愛、権中納言中御門経之の署名のみで花押も無く、天皇の直筆も無い偽勅だった。この討幕の密勅によって、「議会の時代」の到来を信じ公議政体を目指して大政奉還を断行した徳川慶喜の理想は、一気に覆された。

そもそも徳川慶喜が朝廷に呈出した大政奉還上表文は、

「外国との交際が盛んになっている今日では、従来の旧習を改め、広く天下の公議を盡くし、天皇の御聖断を仰いで国民が同心協力すれば、皇国の時運を保護できるだけでなく、海外の万国と並び立つことが可能である」

と述べ、わが国の絶望的な現状を乗り越え未来への希望を開くには、自ら政権を返上し、

「新しい政治体制をイギリス型議会主義に基づく公議政体へ移行すべき」

としたものである。慶喜は、大政奉還を行う前日の十月十三日の夜、ブレーンの幕府開成所教授西周（オランダのライデン大学でシモン・フィッセリング教授から政治経済学、法律学、国際法、財政学、統計学を学んだ）を召して『国家三権の分別及び英吉利《イギリス》議院の制度』について講義《レクチャー》を受け、大政奉還後の新しい政治体制の構想を再確認した。西周は翌日、この講義録を『西洋官制略考』として提出。さらに十一月に『議題草案《ぎだいそうあん》』を起草して、慶喜の側近平山図書に提出した。その骨子は、

一、大君《たいくん》が最高指導者となり、大坂に設置する行政府を主宰する。
二、立法府議政院を設置し、上下二院制とする。上院は一万石以上の大名で構成する。下院は各藩から二名を選出する。
三、大君は国家指導者で行政権を持ち、上院議長を兼任し、下院の解散権を持つ。
四、天皇は、元号・度量衡の制定・叙爵《じょしゃく》権を持つ。

というものである。わが国の新しい政治体制を、

「天皇はイギリス国王のような君臨すれども統治しない国家元首となり、大君（将軍）はイギリス首相のような政治指導者になる。一万石以上の大名は上院議員（または貴族院院議員または参議院議員）になり、各藩から下院議員（または衆議院議員）二名を選出する。各藩が藩兵という武力を持ったまま、イギリス型立憲君主制へ移行する」

としたもので、慶喜の大政奉還とは、幕藩体制に代えて公議政体を目指すことだった。

このことについて、歴史研究家尾佐竹猛《おさたけたけき》は、

「徳川慶喜が大政奉還に踏み切った真意は、議会設置が条件であった」（『維新前後に於ける立憲思想』）

との見解を発表している。

慶喜が目指した大政奉還後の公議政体の姿は、

一、英国の国王・貴族制度のように天皇を頂点に戴くが、天皇は君臨すれど統治せず。

二、米国の合衆国制度のように、各州の自治権を最大限尊重した地方分権的連邦主義。の折衷案だったのだろうか。慶喜が構想した議会制度がイギリス型とアメリカ型の折衷案だったのなら、イギリス議会の保守党と労働党のような、アメリカ議会の共和党と民主党のような、政権交代を容易ならしめる議会制度だったであろう。

『議題草案』を読み返してみると、大君の権力がかなり強い。各藩が藩兵という軍事力と地方徴税権を持ち地方分権的な強い自治権を持っている以上、大君はアメリカ大統領なみの権限を持たなければ統一国家としての運営は出来ない。アメリカ大統領の強い権限は、自治州の強い自治権に拮抗すべく与えられているのである。慶喜が目指した選挙制度は、

「衆議院は二人区の二五〇選挙区でユナイテッド・ステイツ・オブ・ジャパンを目指した」のだろうか。当時、三百諸藩といって藩は約三百あったが、支藩（藩主の弟などに禄高を与えるため分家した一万石位の小藩）などを除けば、おおむね二五〇藩だった。そこで二五〇藩から各々二名の衆議院議員を出すことが想定されたのである。

前述のとおり大隈重信はオランダからアメリカへ渡った宣教師フルベッキからアメリカやイギリスやオランダの議会制度を学んだのだが、将軍徳川慶喜はオランダのライデン大学でイギリスやオランダの議会制度を学んだ幕府開成所教授西周から講義《レクチャー》を受けたのである。このことについてイギリス公使館通訳アーネスト・サトウは、

「日本人が考えているのは、パーラメント（イギリス型の議会）というより、コングレス（ア

メリカ型の議会）というべきであろう」
との観測を日記に記している。
徳川慶喜は「刀槍の時代の次は議会の時代」と考えて、大政奉還を断行したのである。

しかし一方、大久保利通は「刀槍の時代の次は大砲の時代」と考え、後述の「王政復古の大号令（十二月九日）」が発せられる二日前の十二月七日、公卿中山忠能への書簡で、「人心を戦慄させるほど朝廷の御威光を拡充しなければ、朝廷の御基礎確立はまったくおぼつきません」（慶応三年十二月七日付中山忠能卿宛書簡）

と朝廷を脅しあげて、朝廷が戊辰戦争を下命するよう催促した。策士大久保は岩倉具視に深く取り入って、世間に対する見せしめのため戊辰戦争を引きおこしたのである。

二日後の慶応三年十二月九日、岩倉具視が参内して「王政復古の大号令」を発し、「諸事、神武創業の始に基づき、旧来の驕惰の汚習を洗い、尽忠報国の誠心で奉公せよ」とした。これにより摂政・関白以下平安朝以降にできた朝廷の職制も、武家政治も否定され、明治新政府は古代政権と同様、神武創業の頃の祭政一致の神権政治へ立ち帰り、神道によって天皇の権威を高める神道国教化の方針を採用し、現人神たる天皇を精神的権威の拠り所として、天皇制と国家体制を結合させた。こうして岩倉が朝廷権力を独裁した。

「旧来の驕惰の汚習を洗い」とは、日本の宗教の伝統であり「日本教」ともいうべき神仏習合を廃し、国家神道への一元化を図ったものである。神仏習合の否定は、長らく続いてきた象徴天皇制から天皇親政への移行を意味する。そこで神道国教化の国策と深く結びついて、前述の廃仏毀釈という仏教を排撃する破壊活動が全国各地で起きた。

このように尊皇攘夷運動のイデオロギーが一神教的国家神道への帰依であり、明治新政府は幕府が尊崇した仏教を排撃したくらいだから、幕府が認めなかったキリスト教の排斥は激烈なものとなり、前述のとおり「浦上四番崩れ」という残忍・酸鼻で言語を絶するキリスト教弾圧が行われた。このときまで大隈重信は明治新政府樹立にほとんど功績ない無名の存在だったが、新政府の代表となってイギリス公使パークスの強烈な抗議を撃退し、明治新政府の汚点を解決する後始末の男として急速に台頭したのである。

明治新政府樹立にほとんど功績ない大隈重信は、野球でいえば先発投手ではなく、試合が白熱した八時半頃に登場して「八時半の男」と呼ばれた伝説の救援投手《リリーフ》：読売ジャイアンツ宮田征典《ゆきのり》投手のような存在だった。

明治政府が汚点を重ね危機に陥るたびに、後始末の男：大隈重信が登場して活躍する。

天皇に絶対権力を集中する天皇親政を目指した明治新政府の三大汚点は、「廃仏毀釈」と、キリシタン弾圧の「浦上四番崩れ」と、大久保が引き起こした「奥羽戊辰戦争」である。

恭順する奥羽諸藩が熱願する降伏を無慈悲に却下し、断固として殲滅した奥羽戊辰戦争の結果、東西各藩とも財政破綻し、「贋金の発行」という問題が生じた。

そもそも幕末の政争は「攘夷か開国か？」「尊皇か佐幕か？」を争点に推移した。しかし幕府は開国を完成し大政奉還を行い政権を朝廷に返上したから、争点は「尊皇開国」として決着した。争点が解消したのだから戊辰戦争を戦うべき大義名分はまったく無く、奥羽諸藩は恭順して降伏を熱願した。しかるに策士大久保は「人心を戦慄させる見せしめ」のため降伏をゆるさず、奥羽戊辰戦争という無意味で苛烈な流血を断行したのである。

この結果、敗者東軍の各藩はさることながら勝者西軍の各藩もほとんどが財政破綻した。そして東西各藩は裏付けのない藩札や贋金（金銀の含有量を減らしたもの）を発行した。このため日本と貿易する外国商人が問題視し、外交問題に発展したのである。

そこで大隈重信が、この贋金問題について、パークスと交渉にあたった。

無名だった大隈は、明治維新の三大汚点のうち、長州藩木戸孝允による「浦上四番崩れ」と薩摩藩大久保利通が引き起こした戊辰戦争によって生じた「贋金問題」の二大汚点を引き受け、明治新政権の「便利屋」として、イギリス公使パークスと向き合って火消しに当たり、西郷隆盛・木戸孝允・大久保利通に次ぐ第四の男として地歩を築いたのである。

こうした功績により大隈重信は明治二年七月八日に二官六省制度（太政官・神祇官の二官、大蔵・民部・兵部・外務・刑部・宮内の六省）が発足すると大蔵大輔《たいふ》（次官のこと）になり、七月二十二日に民部大輔へ転じ、明治二年八月十一日に民部省と大蔵省が合併して民部大蔵省になると民部大蔵大輔になった。
明治政権の四番目の男となった大隈重信には人間的な包容力があり、築地にあった大隈邸（かつて旗本戸川家三千石の屋敷。五千坪）には長州の伊藤博文や井上馨、旧幕臣の渋沢栄一や前島密ら若手官僚が集まって寝起きし、夜を徹して外交・内政・財政などを談じ合った。そこで大隈邸は築地梁山泊と呼ばれた。井上馨は大隈邸の足軽長屋で居候《いそうろう》をしていた。のちに大隈は、
「築地の屋敷は広いもんだから、色々の者が来て寝起きしていた。一癖《ひとくせ》ある者ばかり集まったのだから、梁山泊という名がついた。豪傑連が幾らでもゴロゴロして、大きな竈《かまど》で飯を焚いて食っておった。井上馨もきておれば伊藤博文も朝夕出入りする。色んな者が集まって来るのは宜《よろ》しいが、月末になると色々な処から借金取りが来る。それで皆わが輩の肩にかかる、それには困った」（『早稲田清話』）
と述べている。これに関連して大隈重信は、母三井子について左記のように述べている。
「わが輩は母一人の手で育てられたが、十五、六歳の時分からすこぶる乱暴者で、まるでがき大将のようであった。友人が盛んに遊びにくるので、わが輩の家はクラブの如きものであったが、母は大層人を愛し客を好まれたから、わが輩の友人が訪ねてくることを非常に喜んで、手料理をこしらえて御馳走してくれた」（『大隈伯百話』）
このように人を愛し慈善を施すことを好んだ母三井子の姿が、大隈重信の人を愛し、人と会

うことが好きな政治姿勢に影響を与えたのだろう。

このころ長州の伊藤博文や井上馨、旧幕臣の渋沢栄一や前島密ら若手官僚は、明治政権の四番目の男：大隈重信の下に集まっていたのである。

西郷が実現した廃藩置県

当時、人々から、

「明治、明治と上から言うが、下から見れば治《おさ》まる明《めい》」

とまで酷評された明治政権は、西郷隆盛が廃藩置県（明治四年七月）を実現したことで、近代国家としてようやく船出することができた。

廃藩置県の必要性は軍事・財政面および中央集権を進める観点から論じられていたが、薩摩の殿様・島津久光が強く反発していた。だから最強の軍事力を誇る薩摩藩の動向が、成否を決める分水嶺だった。

廃藩置県は、薩摩兵が西郷に従うなら成就するが、島津久光に従うなら成就しない。島津久光が嫌がる廃藩置県は、西郷以外の者には成しえないのである。

そこで勅使岩倉具視、副使大久保利通、同木戸孝允、兵部少輔《しょうゆう》山県有朋が明治三年十二月十八日に鹿児島へ入り、鹿児島に引き籠っていた西郷に、

「明治維新を完成するには、もう一度戦争をする覚悟で廃藩置県を行わねばならない」

と出仕を促し、西郷を中央へ引き出した。このとき山県有朋が西郷隆盛に、

「薩摩・長州・土佐三藩から兵力を献じて天皇の御親兵とし、中央政府を強化すべき」

と提案すると、西郷は快諾した。これは鹿児島に蟠踞《ばんきょ》する西郷を御親兵上京の口実で政府内へ引き入れて、中央政府の強化を図ると同時に、わが国最強の薩摩兵団を中央政府が召し上げる、という意味である。さらに山県が、

「三藩より献兵して御親兵と為すとき、最早、御親兵はいずれの藩臣にもあらざるにより、薩州より出でし兵といえども、一朝ことあるときには、薩摩守（島津久光のこと）に弓を引く決心あるを要す」

とたたみこむと、西郷は、

「もとより、しかり」

と答えた。これは大久保・山県ら中央政府が、西郷の私兵である薩摩兵団を御親兵という形で召し上げ、大久保・山県の私兵として使うことを意味する。ここにおいて西郷は山県にだまされ、西郷が育てた薩摩兵団を大久保・山県に盗《と》られた訳である。これは木戸・山県ら長州勢による「西郷おろし」の一環だったともいえる。

これを知ってか知らずか、西郷は廃藩置県を断行した。これが西郷という男なのだ。

明治政府は、明治四年（一八七一年）七月十四日、鹿児島藩知藩事島津忠義、山口藩知藩事毛利元徳、佐賀藩知藩事鍋島直大ら在東京の知藩事を召集し、廃藩置県を命じた。西郷率いる

薩摩・長州・土佐三藩からなる御親兵八千人がにらみを利かせているので、各知藩事はさからうことはできなかった。藩は県に置き換わって三府三〇二県になり、知藩事は地元から切り離されて東京への移住を命じられ、各県へは中央から県令が派遣された。

大多数の藩主はやむなく廃藩置県を受け入れたが、薩摩の殿様島津久光は憤怒と憎悪で目先が真っ暗になった。島津久光は版籍奉還についても不満だったが、廃藩置県に至ってほとんど逆上し、鹿児島城二の丸で花火を打ち上げ、かんしゃく玉を破裂させて気を紛らわそうとした。

しかし内心の憤懣はどうしようもない。久光は、

「西郷に騙された。廃藩置県で薩摩藩が鹿児島県になるなら、自分が鹿児島県知事になる」

と息巻いて側近を困らせた。

なお大隈重信は、明治四年七月十四日に大蔵大輔を卒業して参議へ昇進した。

西郷留守政府による明治近代化

四カ月後の明治四年十一月十二日に岩倉具視を特命全権大使とし大久保利通、木戸孝允、伊藤博文らが随行する岩倉遣外使節団が条約改正と欧米視察のため横浜港から出発した。

西郷隆盛は、参議大隈重信、江藤新平（明治六年四月十九日に参議）らとともに留守政府を預かった。大隈重信は、岩倉使節団が出国すると、西郷の信任を得て西郷留守政府の大番頭格となり、かつて築地梁山泊に集まっていた大蔵大輔井上馨や渋沢栄一（明治五年二月に大蔵少

輔）らを率いて、未来を拓《ひら》く明るい改革を実現する最大の立役者となった。

岩倉使節団は明治六年（一八七三年）九月に帰国するが、それまでの二年間に、西郷留守政府（明治四年十一月〜明治六年九月）が明るい近代国家への改革をなしとげる偉大な業績を上げた。西郷留守政府を支えた佐賀出身の大隈重信、江藤新平や旧幕臣の渋沢栄一・前島密らの政治理念は「イギリス・フランス・アメリカを手本とした国造り」だったから、彼らが腕を振るって実現した西郷留守政府の施策は明るい風景に彩られている。

現代日本人が明治に抱く明るいイメージは、西郷留守政府の業績に対してなのである。何かと策をめぐらす岩倉や、志士あがりで権力欲を基礎に物事を考える大久保・木戸らいちいち仕事の邪魔をする姑・小姑が外遊中で不在だったから、大隈重信が西郷留守政府の大番頭として、「鬼の居ぬ間に洗濯」とばかり、明るい国造りを実現したのである。

西郷留守政府が、わずか二年間に成し遂げた近代化の成果は、左記のとおりである。

一、渋沢栄一らが明治六年七月二十八日に地租改正に着手し、国家財政を確立する。

二、徴兵令を明治六年一月に公布し、近代的軍制をととのえた。

三、学制を明治五年八月に制定して、小学校・中学校を設置し、国民皆学を確立した。

四、田畑永代売買禁止令を明治五年二月に廃止し、土地の私有制度を確立した。

五、華族・士族・平民の三族籍とし、職業選択・移動・通婚の自由を許可して四民平等を実現し、明治五年一月に壬申戸籍を編成。明治六年二月にキリスト教を容認した。

六、新橋―横浜間の鉄道が明治五年九月に開通。富岡製糸場が明治五年十月に操業を開始。

七、国立銀行条例を明治五年十一月に定め、民間による兌換銀行券の発行を目指した。明治五年十二月三日に太陽暦が採用された。

八、前島密が郵便制度を明治五年七月に全国展開させた。

九、江藤新平が裁判と司法行政を分離し、民法・国法を編纂し、司法制度を整備した。

十、西郷隆盛が川路利良（薩摩）を明治五年五月に東京府邏卒総長に任じ、川路に欧州視察（明治五年九月〜明治六年九月）を行わせて近代警察の確立を成就させた。

明治の三大改革である地租改正・徴兵令・学制をはじめ政治・経済・社会の各方面での改革がいずれも成功をおさめたことは、西郷留守政府の功績である。

これら十項目のうち、徴兵令や近代警察確立は西郷隆盛の功績である。

四民平等やキリスト教容認や司法制度整備は、佐賀の江藤新平の功績である。

地租改正や土地私有制や富岡製糸場や国立銀行条例や、学制や、郵便制度全国展開は、渋沢栄一・福沢諭吉・前島密ら旧幕臣の功績である。

そして大隈重信は鉄道敷設などのほか、西郷留守政府の大番頭として全体に関わった。

大隈は晩年、西郷留守政府の大番頭として活躍したことを回想して、

「岩倉大使一行が欧米視察に出掛けた留守に『留守番』を言いつかった『我輩』は、『もはや彼等の帰るを待つまでもなく、世界の文明はその空気にふれておおよそ知れ切っていたものだ

から』、何かまうことはない、『先回りしてドシドシ改革を断行して』しまえ、というんで、『片端から手をつけた』。木戸、大久保等が岩倉公を奉じて帰ってくる頃までには、もはや改革すべきおもなるものはだいぶ改革し終わった。木戸公等は、これを聞いてだいぶ立腹した」（『早稲田清話』）

と語っている。旧幕臣らまでにも思う存分腕を振るわせ偉大な改革を成しとげた大隈重信の包容力は抜群であり、その功績は絶大だった、といわねばならない。

江藤新平がキリスト教を容認

大隈と同郷（佐賀）の江藤新平は明治五年（一八七二年）四月二十五日に初代司法卿（〜明治六年《一八七三年》一月二十四日）となってイギリス・フランスを範とする三権分立の導入を進め、司法行政と裁判を分離して司法制度を整備。江藤の尽力により明治六年二月二十四日に「切支丹禁制の高札」が撤去され、キリスト教は容認されることとなった。「王政復古の大号令」「大教宣布の詔」などをつうじて神道を国教とした岩倉具視や、尊皇攘夷運動の原点として一神教的国家神道へ帰依しキリシタンを弾圧した木戸孝允ら因襲の徒が、岩倉遣外使節団（明治四年十一月〜明治六年九月）となって外遊に出かけ留守だったから、江藤新平は「鬼の居ぬ間に洗濯」とばかりにキリスト教の容認を断行したのである。

江藤新平は佐賀藩の手明鑓《てあきやり》という下級武士だった。手明とは、平時には決まった役が無く、手が空《あ》いているという意味である。長屋に住んでいて、有事の際は槍一本をかついで出陣するのであって、俸禄は切米十五石だった。

江藤新平は大政奉還により幕府が消滅すると、大隈重信・副島種臣らとともに佐賀藩が薩長に組するよう藩論をまとめ、江戸攻めに向かう東征軍の軍監に任じられて参謀西郷隆盛とともに江戸へ進軍し、西郷の信頼を勝ちとった。

江戸城明け渡し（慶応四年四月十一日）のとき、徳川側山岡鉄舟の証言によれば、「海江田信義（薩摩藩士）は『カネはどこにあるか』としきりに軍資金の所在を尋ね、西郷隆盛は農事に関する書籍を蒐集し、江藤（新平）は独り政事に関する簿の類を捜索した」（的野半助『江藤南白』）

とのことである。明治新政権で取り組みたかったことは海江田信義は軍事強化であり、西郷は愛民・愛農による豊かな農村の建設であり、江藤新平は四民平等で清潔かつ公明正大な政事だったのである。

こののち上野彰義隊戦争（慶応四年五月十五日）のとき江藤新平は佐賀藩自慢のアームストロング砲で彰義隊を制圧して西郷隆盛から再び評価され、新政府の幹部に登用された。

江藤は庶民に対する愛情と、世間の下情を察知する聡明さと、裂帛《れっぱく》たる正義感にあふれた男で、四民平等を説き、フランス民法典を高く評価し、民法典編纂に取り組んだ。そして明治五年八月三十日には水呑み百姓などを解放し、同年十月二日には人身売買を禁止して娼妓芸妓等年季奉公人を解放。そして明治六年二月に、キリスト教を容認したのである。

西郷留守政府で活躍した旧幕臣渋沢栄一

近代国家を建設するため欧米事情に通じた人材を集めるとすると、攘夷々々と叫んで外国を毛嫌いしていた薩長勢力には近代国家を建設する人材は乏しかった。

近代国家を建設するにふさわしい欧米事情に通じた人材は、最初から開国を唱え早くから有能な多くの幕臣を欧米に留学させた徳川家臣団のなかに多くいた。彼らを明治政府に出仕させて仕事をさせなければ、明治近代化を成し遂げることはできない。このとき明治新政権が抱えた最大の問題は、近代国家を創る人材がほとんど居なかったことだった。

明治新政権では、乱暴で無能な志士あがりの薩長関係者が高位高官を占めていた。だから旧幕臣は身分の低い下級実務担当者として採用されるほかなく、有能で誇り高い旧幕臣であればあるほど低い身分の屈辱と不遇を嫌って出仕しなかった。出仕してもほどなく辞《や》める者が多かった。たとえば旧幕臣福沢諭吉は明治政府に出仕しなかった。

かかるなか大隈は、低い身分と不遇に耐えて職務に邁進する彼ら旧幕臣を支えて勇気づけ、その実力を発揮させて明治政権の船出を確かなものとした。だから日本の近代を創《つく》った明治は、日本の近世を築いた幕府と政策面で断絶せず、政策を継続させながらゆるやかに改善を図り、徳川の近世から明治の近代へ移行することが可能となったのである。

たとえば西郷留守政府で腕を振るった渋沢栄一は関東の豪農だったが、徳川慶喜に仕えて幕臣となり、慶喜の異母弟徳川昭武がパリ万国博覧会（一八六七年）に参列するとき随行して明治元年（一八六八年）十一月に帰国。静岡で謹慎していた慶喜に面会したのち、静岡藩の財政再建を成功させた。

渋沢は、明治二年（一八六九年）十一月、明治新政府・太政官から出頭を命じられ十二月に民部大蔵省租税正《そぜいのかみ》（租税を取り立てる仕事。いわば大蔵省主税局長）に任じられた。民部大蔵卿は伊達宗城、民部大蔵大輔（次官のこと）は大隈重信だった。大隈重信は、旧幕臣渋沢栄一が就任の挨拶にきたとき、渋沢に、

「足下《そこもと》の履歴を聞けば、われわれと同様、新政府を作るという希望を抱いて艱難辛苦した人である。してみれば元来は同志である。維新政府はこれから我々が知識と勉励と忍耐によって造り出すもので、ことに大蔵の事務については少しく考案もあるから、是非とも力を合わせて従事せられたい」

と、弁舌さわやかかつ懇切に説諭した。こうして渋沢は大隈重信の部下になった。

渋沢が、仕官後ほどなく民部大蔵省が不整頓であることを知り、上司の大隈に対し、

「省務の刷新を図るには有為の人材を集めて研究しなければならない。省内に改正掛という一つの新局を設け、旧弊の改革、例規などすべてをこの局で立案したい」

と提案すると大隈は快諾。渋沢を掛長とした改正掛が旧幕臣の前島密（かつて幕府開成所教授）、杉浦譲（かつて幕府外国奉行支配調役。欧州へ二回派遣）、赤松則良（咸臨丸で渡米したのちオランダへ留学）ら約十三人で明治三年春から本格稼働した。改正掛は①租税の金納化、②地租を定めるため度量衡を定めて精確な地図を作ること。③日本の総人口を把握すること、④郵便制度の創設などを論じ、政策の基本理念を固めた。

明治四年四月～七月の人事で大久保利通が大蔵卿になり、大隈重信は大蔵大輔を辞して参議へ昇格し、井上馨が後任の大蔵大輔になった。すると大久保大蔵卿は、渋沢ら開明的な旧幕臣らを大蔵省から追放する権力闘争のため、大蔵省へ大久保一派を招じ入れた。

廃藩置県（明治四年七月十四日）が行われると、同年八月、渋沢は大蔵卿、大輔、少輔に次ぐナンバー4の大丞に昇格し、諸藩の借入金の整理など廃藩の後始末にあたった。

しかし大蔵卿大久保利通は理財の実務にくらいばかりか財政を理解せず、税収に無頓着で歳入総額を無視し、大蔵卿の地位を利用して放漫財政を推進した。大久保大蔵卿は、明治四年八月、大蔵大丞渋沢栄一を呼びつけ、陸海軍の大規模予算を要求して、

「陸軍省予算八〇〇万円、海軍省二五〇万円、計一〇五〇万円としたい」

と申し渡した。このとき渋沢栄一は歯に衣《きぬ》きせず、

「歳入の数字も把握できていないのに、一〇五〇万円もの予算を決めるのはもってのほか」

と言って大蔵卿大久保と衝突した。すると大久保は眼光鋭く大丞渋沢栄一をにらみつけ、

「陸軍・海軍はいらないというのかッ！」

と一喝。議論は打ち切られ大久保の意向通り決定。渋沢は大阪造幣局へ左遷された。

渋沢栄一が左遷（明治四年八月）されて三カ月後の明治四年（一八七一年）十一月十二日、前述のとおり岩倉具視を特命全権大使とし大久保利通（大蔵卿のまま）、木戸孝允、伊藤博文らが随行する遣外使節団が、不平等条約改正と欧米見聞のため横浜から出発した。

一方、三条実美、西郷、大隈重信、江藤新平、山県有朋らが残って留守政府となった。

すると渋沢栄一は、岩倉使節団が出発して三日後の十五日、西郷留守政府から呼び戻されて大蔵省へ復帰し、明治五年二月に大蔵少輔になった。大蔵卿大久保が不在なので、大蔵大輔井上馨に次ぐ実質上のナンバー2である。

渋沢栄一が明治六年（一八七三年）に着手した地租改正は、明治十二年（一八七九年）までに完了する。これは旧幕府時代の年貢を地租へ改めたもので、土地所有者（地主と自作農）を納税者とし、土地に地価を定めたうえ、

一、課税を、江戸時代の収穫高基準から地価へ変更して、税率を一定とし、

二、物納を金納に改めて、税率を豊作・凶作に関わらず「地価の百分の三」とし、

安定した税収構造を確保した。地租改正は江戸時代の年貢制度を金納へ近代化したものであり、租税収入は旧幕府時代の年貢と変わらない。

大久保大蔵卿は外遊のため不在だったが大蔵省内における積極財政論の薩摩大久保派の勢いは強く、健全財政論者の井上馨は孤立の度を深めて外遊中の木戸孝允に助けを求め、「国力を斟酌《しんしゃく》せずに新事業を試みるのは日本人の弊風《へいふう》である。このままでは数年で財政は破綻をきたすので、早く帰国してほしい」

との書簡を出している。井上馨と渋沢栄一は明治六年五月七日に辞表を提出し辞任する。すると大隈は二日後の五月九日に参議と兼任で大蔵省事務総裁となって大蔵省の実権を手にし、五月二十六日に大久保大蔵卿が帰国した後も大蔵省の実権を握り続ける。

岩倉使節団の嫉妬

岩倉具視や大久保利通ら岩倉使節団は、二年間の漫遊の旅を終えて明治六年九月に欧米歴訪から帰国（大久保大蔵卿は一足先に五月二十六日に帰国）すると、西郷留守内閣の業績に目を見張った。欧米の先進性を見て驚愕し花に戯《たわむ》れ月にうかれ漫然と欧米見物を楽しんで帰国した岩倉・大久保ら外遊組は、自分たちの留守中に西郷留守内閣が赫々《かっかく》たる業績をあげ、帰国後の日本がイギリス・フランス・アメリカなど欧米先進国に引けをとらない開明的で民主的な立派な近代国家に生まれ変わっていることに再び驚愕したのである。

岩倉使節団は条約改正について成果なく、二年間、欧米漫遊を楽しんだだけだった。

こうなれば岩倉・大久保・木戸ら外遊組に、明治政府における立ち位置はない。

岩倉使節団に対する内外の期待と信頼はしぼんでいった。この事情を三宅雪嶺は、
「（使節団は）漫然たる巡遊と意識せるも中止すべくもなく、文明国の旅行に興味をそそられ仏国に渡りて新年を迎う。純然たる漫遊と同様にして、国事をよそに花に戯れ月に浮かれるとは何事ぞ、と責められるばかりにて、空気はすこぶる穏やかならず。大使一行中に、『条約は結び損ない、金は捨て、世間へ大使（対し）、何と岩倉（言ったら良いのか）』と狂歌の行わるる位にて悪評少なからず。留守派は漫然たる洋行話を聴くを欲せず。大掛かりの観光団は、齟齬の結果、大破綻の起こるをふせぐに由なし」（『同時代史』）
と述べている。

西郷留守政府の業績に目を見張った岩倉・大久保ら外遊組の立場は一段と苦しいものとなり、岩倉・大久保らは西郷留守政府に対する嫉妬《ジェラシー》をたぎらせ、剛腕をもって西郷らを排除することとした。男の嫉妬は女の嫉妬より激しい天下大乱の元なのだ。

そして「明治六年政変（征韓論政変ともいう）」という天下の大乱を仕組んで、西郷留守政府を潰すのである。

明治六年の政変（征韓論政変）

外務省の外務少輔上野景範が明治六年六月に、
「日本人居留民の安全を脅かす朝鮮へ、（アメリカのペリー艦隊が砲艦外交で日本を開国させ

たように）陸軍若干・軍艦幾隻を派遣し、修好条約を締結させるべき」と太政官に審議を求めたことが「明治六年の政変（征韓論政変）」の発端である。このとき参議板垣退助が外務省案に賛同したが、西郷は武力を不可とし、自分が烏帽子・直垂の礼装で全権使節となり円満な交渉による修好実現を図る遣韓使節論を主張した。すると板垣は武力行使を撤回し、西郷派遣が同年八月十七日の閣議で決定され、三条実美が十九日に明治天皇に上奏した。しかし天皇から「岩倉具視の帰朝を待って、岩倉らと熟議のうえ、再度、上奏せよ」との勅旨があったので、最終決定は岩倉帰国を待つことになった。

岩倉は九月十三日に帰国。岩倉・大久保は十月十四日と十五日の閣議で西郷派遣反対を唱えたが少数意見となり、西郷の朝鮮派遣が再確認された。

すると岩倉・大久保はこれを不満として辞表を提出し、岩倉が二十三日に明治天皇に、「西郷が朝鮮へ行きたいと言っているが、この説に賛成する者は閣内に一人もいない」と、真っ赤なウソを奏上しておだまし申し上げ、西郷派遣の話を潰した。

このことについて参議江藤新平は、

「岩倉の上奏は閣議決定を無視したものである。難事を天皇の判断に委ねることは民権を害するのみならず天皇に政治責任を押し付ける無責任な行為であり、天皇の権威を低める」

との正論を吐いて非難した。民権論者江藤の真骨頂である。また評論家小島慶三氏は、「（岩倉は明治天皇に対して）この際、日本国は内治充実が大切で、西郷が朝鮮へ行きたいと言っているが、この説に賛成する者は閣内には一人もいない（まったく事実に反する）ということを奏上して、西郷の派遣をひっくり返してしまう。これは（中略）岩倉―大久保のクーデターと見られても仕方がない」（『戊辰戦争から西南戦争へ』）

と述べている。

西郷帰郷と四参議の辞任

閣議で決定した西郷派遣の話が、岩倉による虚偽の上奏によってくつがえされると、

「西郷留守政府は天皇から不信任を受けた」

という重大問題となり、西郷留守政府は瓦解した。

西郷は岩倉・大久保の陰湿な策謀に激怒して参議を辞任し、鹿児島へ帰った。

江藤新平・副島種臣・板垣退助・後藤象二郎の四参議も辞表を提出し閣外へ去った。

こうして西郷を政権から追い落とした策士大久保は、友人の税所篤に囲碁における大勝に擬して、得意満面で、

「盤上一盃に敗をとり候か、勝をとり候か。投げるか投げさせるか。二つに一つにござ候。舞台が崩れ、勧進元（西郷のこと）の大損にあいなり候」（『税所篤宛書簡』）

と書き、高らかな勝利感に酔った。そして有司専制という形で権力を一手に握った。

このとき参議大隈重信は深海魚のように水底に潜ってほとんど動かなかった。このころ大隈

がした仕事は彦根城天守閣を保存したことと会計検査院を設立したことくらいだった。

かつて全国に三百もの城があったが、明治六年に出された「廃城令」により彦根城も取り壊されることとなり、明治十一年（一八七八年）十月に解体用の足場がかけられた。参議大隈重信は明治天皇の北陸巡幸に随行して彦根に至り事情を知るや、天皇に彦根城の保存を進言し、彦根城天守閣（昭和二十七年に国宝に指定される）の保存が決まった。

大隈重信が保存した国宝彦根城

また明治十三年（一八八〇年）三月に無駄な予算執行を監視する会計検査院を設立した。大隈は参議という高官の地位にあったが明治政権内で孤立して動けず、こういう大事だが地味な仕事をしたくらいだった。大隈は政争の渦中から離れていた、ともいえる。

自由民権運動による国会開設要求

西郷は鹿児島へ帰って私学校をつくり青少年の育成に取り組んだが、土佐の板垣退助・後藤象二郎や佐賀の江藤新平・副島種臣は自由民権運動・国会開設要求に走った。

このため「明治六年の政変」に敗れた人々の間で、西郷ら西南戦争にいたる「士族の反乱」と、板垣・後藤・江藤・副島らによる「自由民権運動」の二大潮流が生じた。

明治政権の基本方針を定めた『五箇条の御誓文』が、

「広く会議を興し万機公論に決すべし」

と述べたことは、議会の開設を宣言したものと認識されていた。「万機」とは「あらゆる重要事項」という意味であり、「公論」とは公議輿論の略語で「公開の場で堂々と議論する」という意味である。これをどう実現するかについては明治政権内でも、有力藩主による列侯会議か、平民まで参加させる議会か、意思統一はなされていなかった。

かかるなか、とくに土佐出身の板垣退助ら民権論者は、

「広く会議を興し万機公論に決すべしとは、民選議会を開設し、立憲政治を実現すること」

と解釈し、広く受け入れられるようになっていた。

明治六年の政変で敗れた前参議の板垣退助（土佐）・後藤象二郎（土佐）・江藤新平（佐賀）・副島種臣（佐賀）は五カ条の御誓文の精神を実現すべく自由民権運動・国会開設要求に走り、板垣、後藤、江藤、副島らは明治七年（一八七四年）一月十二日に自由民権運動を行うわが国初の政治結社である「愛国公党」を東京に設立。一月十七日に『民選議院設立建白書』で現政権を、

「方今（現状のこと）、政権の帰する所を察するに、うえ帝室に存《あ》らず、した人民に在らず。

ひとり有司（大久保利通らのこと）に帰す。かくして政令は朝出暮改。政刑（政治と裁判のこと）は情実に成り、賞罰は愛憎に出ず。言路《げんろ》壅弊《ようへい》（言論の自由が束縛されていること）は、困苦告ぐるなし」

と糾弾して国会開設を求め政府に同白書を提出したが、却下された。

そこで愛国公党の面々は各々地元へ戻って地方に地盤を固めたうえ、国会開設運動を全国展開することとした。板垣退助は高知へ戻って明治七年四月に立志社を設立。さらに西日本の士族層を結集して明治八年（一八七五年）二月二十二日に大阪に愛国社を設立した。

こうして自由民権運動は、全国各地の不平士族や地租軽減を求める土地所有者層らが参加する国民運動となって全国的に高揚した。

すると政府は明治八年六月に讒謗律《ざんぼうりつ》、新聞紙条例を公布して弾圧した。

このの ち西南戦争が始まると愛国社から西郷軍に参加する者も多く、愛国社の勢威は衰えやがて休眠状態となる。

板垣退助はその前に西郷隆盛に会って、

「私共は今後、民選議院設立を目指す運動をやる。西郷さんもぜひ一緒にやってほしい」

と口説いたが、西郷は、

「言論によって目的を達成できるとは信じられない。自ら政府を取って、しかるのち未曽有の盛事を行わん。今後は全く関係を断って、予を捨ててもらいたい。今後は絶念あらんことを望む」（『史談会速記録』）

と言下に拒絶した。西郷が目指したのは「士族による清廉武士道政治」であって、板垣らが目指す議会主義（自由民権運動・国会開設要求運動）とは異なっていたのである。

西南戦争で西郷が敗死

策士大久保は「鹿児島へ戻った西郷を早い段階で潰さなければ手遅れになる」と考え、挑発して西南戦争を引き起こし、西郷を斃《たお》す。

大久保の意を受けた中原尚雄（薩摩）ら巡査二十余名が、明治十年（一八七七年）一月初旬、東獅子《あずまじし》とよばれた密偵として鹿児島へ入り私学校を挑発した。私学校生徒が中原を捕らえて拷問すると、中原は「西郷刺殺の密命あり」と供述し、一触即発の情勢となった。

さらに政府は、一月二十九日深夜、鹿児島市内の草牟田弾薬庫から銃砲・弾薬を運び出し、政府が派遣した汽船「赤龍丸《せきりゅうまる》」に移そうとした。これを知った私学校生徒は、「銃砲・弾薬は旧薩摩藩が備蓄した薩摩士族の私有物で、召し上げられる筋合いにない」と激怒して弾薬庫を襲った。私学校は「政府問罪のため全軍で上京する」ことを決議し、西南戦争が勃発する。西郷は大久保の執拗な挑発に乗ってしまったのだ。

これを知った策士大久保は、西郷が大久保の罠に嵌《は》まって西南戦争の引き金が引かれことを喜び、戦争の勝利を確信して満身の笑いをかみしめ、伊藤博文への手紙で、

「この節、事端をこの事にひらきしは、誠に朝廷、不幸中の幸いとひそかに心中に笑いを生じ候くらいにこれあり候」（『伊藤博文宛二月七日付書簡』）

と会心の満足を伝えた。

西郷軍は明治十年二月十五日に鹿児島を発ち、政府軍が守る熊本城を包囲したのち博多を目指して進撃したが、田原坂で政府軍と激突して進撃を阻止され膠着状態となった。

かかるなか政府軍の黒田清隆（薩摩）が四個旅団を率いて軍艦で八代付近へ上陸し、熊本城を囲む西郷軍を敗走させた。以後、西郷軍は敗北を重ね西郷主従は鹿児島へ戻り、同年九月二十四日に政府軍の総攻撃がはじまると西郷は自決し、西南戦争は終わった。

大久保暗殺と木戸の病死

西南戦争は終結したが、不平士族の憤懣は収まらなかった。

西南戦争終結八カ月後の明治十一年（一八七八年）五月十四日朝、内務卿大久保利通は馬車で出勤の途上、石川県士族島田一郎らに斬殺された。

襲撃団のリーダー島田一郎は明治六年政変で西郷隆盛が下野するに至ったことに憤激して国事に奔走し、西南戦争が始まると西郷軍に加わろうとしたが間に合わず。西郷自決の八カ月後に、大久保暗殺を果たしたのである。

島田らが持参した大久保斬奸状は、有司専制を行う大久保を「奸吏の巨魁」と批難し、

一、国会も開設せず憲法も発布せず、民権を抑圧している。
二、法令の朝令暮改が激しく、官吏登用は情実により、政治を私物化している。
三、不要な土木事業を重ねて国費を浪費し、人民を苦しめている。
四、国を思う志士を排斥して独善的政治を行い、西南戦争を引き起こした。
五、条約改正に取り組まず、国威を貶めている。

と糾弾していた。

士族の不平とは、身分・帯刀・禄高という特権を奪われたこともさることながら、「明治維新とは、徳川武士団を筆頭に各藩士族が自らの特権を捨てて支配階級を降りた犠牲的精神によって成立した快挙である。これは『五箇条の御誓文』が『広く会議を興し万機公論に決すべし』と述べたように、公議政体に基づく民主的な議会の創設を目指した」ものだったはずなのに、裏で暗躍し岩倉に取り入って権力を握った策士大久保が、「国会を開設せず、憲法も発布せず、条約改正にも取り組まず、私権を弄して政治を私物化し、情実人事を行って国費を浪費し、民権を抑圧し人民を苦しめている」ことを糾弾したのである。

文明開化のシンボルで開明的イメージが強い福沢諭吉は、もと中津藩の武士で若い頃から居合を学んだ免許皆伝の達人で真のサムライだった。だから福沢は、士族の犠牲的精神により明治維新が成し遂げられたのに、大久保が士族の困窮に冷淡で救済の手を差し伸べないばかりか西郷ら薩摩士族を挑発して滅ぼす卑劣な行為を行ったことを憎んだ。

福沢は西郷の「抵抗の精神」を高く評価して西郷の死を悼み、

「政府はとかく専制になりがちである。西郷が武力で政府に抵抗した手段は自分の考えとは異なるが、その抵抗の精神において非難すべきものはない」

と述べて、明治維新の最大の功労者であるラスト・サムライ西郷の死を惜しんだ。

真のサムライだった福沢は、ラスト・サムライ西郷が理屈や論理だけでなく士族の思いを飲み込んで明治維新を成し遂げた生き様に共感したのだろう。

「広く会議を興し万機公論に決すべし」とした公議政体の確立は、未完だったのである。

なお木戸孝允（長州）は、西南戦争中の明治十年五月二十六日、京都で病死した。

第三章　薩長に巴投げをかけた「明治十四年の政変」

立ち上がる大隈重信

前述のとおり大隈重信は、維新の三傑とよばれた西郷隆盛、大久保利通、木戸孝允に次ぐ四番目の男だった。そして木戸は西南戦争中に病死し、西郷は西南戦争で敗死し、大久保は明治十一年に暗殺され、維新の三傑（西郷、大久保、木戸）は相次いで世を去った。

大隈重信は四番目の男であり、上位三人（西郷、大久保、木戸）が亡くなったのだから、

「大隈が第一位に繰り上がるか」

というと、政治はそれほど甘いものではない。

明治新政府は薩長土肥といって薩摩・長州・土佐・肥前（佐賀）の四大勢力が作り、なかでも薩摩と長州が二大勢力だったが、西南戦争によって薩摩は凋落した。

そしてこののち伊藤博文、井上馨、山県有朋ら長州第二世代が台頭してくる。

伊藤博文や井上馨は、明治二年頃、築地梁山泊と称された民部大蔵大輔大隈重信の邸宅に集い寝起きし夜を徹して外交・内政・財政などを談じていた。しかし維新の三傑が世を去ると、四番目の男だった大隈重信は、かつて築地梁山泊に集っていた伊藤博文と明治政府の進路を巡って熾烈な権力闘争を演じることとなる。

こうして三年後に「明治十四年の政変」が勃発する。明治十四年の政変については、

「伊藤博文（長州）が大隈重信（佐賀）を政府から追い出して明治政権の最高指導者になり、

『国会開設の勅諭』を勝ち取ったから、伊藤博文の勝利」

と考える人が多い。しかし真相は、

「大隈重信が、柔道の巴投げの必殺技で伊藤博文を投げ飛ばし、国会開設を勝ち取った」というべきである。確かに大隈は政府を追われたのだから表面上は敗北であり、相撲であるなら土俵に背中が着いたのだから負けである。しかし有司専制を目指した薩長閥がもっとも嫌った国会開設を勝ち取ったのだから、実質上は大隈の勝利というべきである。

国会期成同盟の結成

西南戦争（明治十年）で士族の反乱が幕を閉じると、武力によって政府に異を唱えることは不可能であることが誰の眼にも明白となり、自由民権運動が再び高揚した。

前述のとおり愛国社は西南戦争で西郷軍に参加した者も多く休眠状態となったが、西南戦争をつうじて武力で政府に反抗することは不可能とわかり、再び民権運動へ戻る者も増えてきた。そこで板垣退助は明治十一年（一八七八年）九月に愛国社を再興した。

こうして再び国会開設要求が高揚すると、在野で鳴りを潜めていた福沢諭吉が『郵便報知新聞』紙上で明治十二年（一八七九年）七月～八月に十回にわたり、門下生らに、

「日本はイギリス流の議院内閣制を導入し、政権交代可能な二大政党制を誕生させるべき」

との主張を展開させ、国会開設ブームを巻き起こした。国会が開設されれば、選挙結果に

よっては政府から薩長藩閥勢力を放逐することもできる。前述のとおり福沢は、西南戦争で敗死した西郷の「抵抗の精神」を高く評価し、「西郷の手段は自分とは異なるが、専制になりがちな政府への抵抗の精神は評価できる」と述べたが、今や福沢は新聞・演説会など言論という手段によって政府に抵抗したのである。だから薩長藩閥政府は福沢を「西郷に続き政府転覆を目指す危険人物」とみなした。

国会開設をめざす自由民権運動はこれまでおもに士族が担ってきたが、福沢らの言論活動が活発化したこともあり、地租軽減を要求する各村々の地主層や民力休養を要求する商工業者も参加する国民運動となって一段と高揚し、全国的な運動に発展した。

かかるなか民権活動家の河野広中、片岡健吉らが愛国社など全国各地の組織を糾合して、明治十三年（一八八〇年）三月十五日に「国会期成同盟」を結成。この日の第一回大会には全国二府二十二県から諸団体の代表一一四名が出席し、

一、国会開設請願書を明治天皇に提出すること。

二、国会開設が実現するまでは国会期成同盟を解散しないこと。

などを決議。八万七千余人の署名を集めて、国会開設請願書（『国会ヲ開設スル允可ヲ上願スルノ書』）を政府に提出しようとした。

しかし政府は請願書を受け取らず、四月五日に集会・結社の自由を規制する「集会条例」を制定して、自由民権運動を圧迫した。

自由民権運動は、こうした政府の動きに反発しいっそう盛り上がった。

愛国社は集会条例により解散させられたが、国会期成同盟はその対象にならなかったので国会期成同盟第二回大会が明治十三年十一月十日に開催された。このころ植木枝盛は、

「国会期成同盟を自由党という政党へ改組しよう」

と提議し、十二月十五日に植木枝盛・河野広中・中江兆民が自由党結成盟約を結んだ。これがのちの自由党へ発展し、やがて政友会となり、今日の自由民主党の源流となる。

二年後の国会開設を求める大隈意見書

このように在野における国会開設要求が高まってきたので、政府としても在野の国会開設要求への対応策を定めるため、研究の必要を痛感した。そこで右大臣岩倉具視と太政大臣三条実美は、参議らから明治天皇に立憲政体に関する意見書を提出させることとした。山県有朋はすでに明治十二年十二月に意見書を提出しており、黒田清隆が明治十三年二月に、井上馨が同年七月に、伊藤博文が同年十二月に意見書を提出したが、いずれも、

「立憲政体は時期尚早。慎重であるべし」

というものだった。かかるなか明治政権のニュー・リーダーを目指す伊藤博文が、明治十四年（一八八一年）一月中旬から約二週間、

「立憲政体は難事だから、ゆっくり温泉にでもつかりながら、忌憚なく話し合おう」

と熱海の旅館に大隈重信・黒田清隆・井上馨らを招き、立憲政体について語り合った（熱海会議）。これが伊藤博文の流儀だった。このとき大隈はまったく関係ないことについてはえらく饒舌だったが、立憲政体とか国会開設問題については一言も語らず固く沈黙を守った。このため熱海会議では、なんの成案も得られなかった。

なお福沢諭吉は、明治十四年三月十日、自説の「国会開設論」を大隈参議に送った。

最古参の参議大隈重信が国会開設問題について固く沈黙を守っているので、これをいぶかった左大臣有栖川宮熾仁親王が大隈に意見書の提出を督促した。すると満を持していた大隈は明治十四年三月十一日、岩倉や三条や他の参議らに見せないことを条件に、有栖川宮に左記の大隈意見書を提出した。

「二年後に国会を開設し、イギリスをモデルとした議会政治を開始すべきである。国民に参政権を与え、国民の過半数の支持を得た政党の党首が内閣を組織する政党内閣とすべきである。アメリカの大統領制のように、政権交代とともにすべての官僚を入れ替えるのではなく、官僚を政務官と終身官僚（永久官）に分け、政務官は政権交代とともに交代し、終身官僚は選挙結果に左右されず中立的立場から行政を行うようすべきである」

これはイギリス流の議院内閣制を主張したもので、執筆したのは大隈のブレーンであり福沢諭吉の門下生でもあった矢野文雄（太政官大書記官。慶應義塾出身）。表現を添削したのは小野梓（会計検査院一等検査官。もと土佐藩士で、ロンドンへ留学し英国流の立憲政治を学んで帰朝した屈指の理論家。のちに早稲田大学を創設するメンバーの一人）だった。

大隈が有栖川宮に内密にするよう願ったのは、意見書が急進的だからだろう。しかし内容の急進性に驚いた有栖川宮は一身で預かり切れず、大隈意見書を岩倉と三条に見せた。


岩倉と三条と有栖川宮は協議のうえ、各参議から明治天皇に立憲政体に関する意見を奏上させることとし、まず山県有朋が、次に伊藤博文が六月二十二日に奏上した。

伊藤博文は、六月二十七日、大隈が天皇に奏上する予定の大隈意見書を三条実美から借覧して内容を知ると憤怒にかられ、七月二日、岩倉に書簡を送って、

「大隈意見書は意外なる急進論であり驚愕した。賛同できない」（『伊藤博文伝』）

と強い不満を表明した。慌てた岩倉は大隈に対し、伊藤に真意を説明するよう求めた。

激怒した伊藤は大隈に、七月四日、伊藤に事前相談なく意見書を提出したことをなじり、

「これだけの経綸がありながら、なぜ熱海会議のとき黙っていたのか？『イギリス型議院内閣制による早期の議会開設』という急進論は、漸進論をとる自分伊藤を裏切り、在野の福沢諭吉とつるんで福沢の急進論を代弁したのだろう。参議という政府の重職である大隈が、一介の福沢のごとき者の代弁をするのは許しがたいッ！」

と詰め寄った。大隈は陳弁につとめた。大隈が急進的国会開設論を伊藤に内密にしたのは、明治政府のニュー・リーダーを自負する伊藤の手で大隈の急進的国会開設論が握りつぶされる

ことを警戒したからだろう。こうして両者の間に深い亀裂が生じた。

北海道開拓使官有物払下げ事件

明治天皇は七月三十日から十月十一日まで東北・北海道巡幸にでたので、伊藤と大隈の政争は一旦休止となったが、この間に「北海道開拓使官有物払下げ事件」が勃発した。

実は前年の明治十三年二月二十八日に参議と各省卿を分離することとなったので、参議兼大蔵卿だった大隈は会計を担当する参議となった。このころ国家財政は西南戦争の戦費のため大赤字だったので、参議で前大蔵卿の大隈重信は明治十三年十一月に「工場払下げ概則」を定め、官営工場を民間に適正価格で払い下げて国庫へ編入し、国家財政を補填しようとしていた。「明治十四年の政変」の発火点となる「北海道開拓使官有物払下げ事件」は、こういう政治状況下で起きたのである。

北海道開拓使長官黒田清隆

未開の地だった北海道開拓のため明治二年七月に北海道開拓使という役所が設立され、黒田清隆（薩摩）が明治七年（一八七四年）に長官になって陣頭指揮をとる。

黒田は、

「日本が世界に雄飛するには、北海道の炭鉱・林業など資源を開発し物産を興隆し、国力を充実させるべきである。北海道をロシアから侵略されぬよう、開拓に注力すべきである」

と考え、明治四年（一八七一年）八月に、

「明治五年（一八七二年）からの十年間に、国費一千万円を投じて大工業や農業を興す」

という大がかりな北海道開拓十年計画を決定。アメリカ農務局長ケプロンらお雇い外国人を招いて政策の助言と技術の伝習を受け、様々な開拓事業を推進した。しかし満足な成果を挙げることが出来ないまま十年計画の満期がきて、明治十四年五月下旬に開拓使の廃止が決定された。そして予定どおり明治十五年（一八八二年）二月に幕を閉じる。

この間、前述の西南戦争（明治十年二月～九月）があり、西郷軍と政府軍が田原坂で激突し膠着状態に陥ったとき、政府軍の黒田清隆が四個旅団を率いて軍艦で八代付近へ上陸し、西郷軍を敗走させた。こうした軍功から黒田清隆は、西郷亡き後、明治政権における薩摩閥の巨頭となっていた。

開拓使官有物払下げ事件は、開拓使の廃止にともなう官有物の処分問題から、明治十四年（一八八一年）七月に発生した。北海道開拓は黒田清隆の悲願だったから、黒田は、

「投入資産価値を再評価し低コストで再スタートすれば、事業継続は必ず成功する」

と目論み、開拓使の薩摩系官僚（大書記官安田定則、書記官鈴木大亮ら）を退職させて民間

企業（北海社）を設立させ、船舶、倉庫、農園、鉱山、ビール工場、ワイン工場、缶詰工場など費用一四〇〇万円を投じた官有物を、三九万円（約三％）という破格の安値で同郷の薩摩の政商五代友厚を通じて払い下げようとし、七月二十一日に廟議に提議した。

問題は、競争入札によらず、同郷の者に破格の安値で払い下げようとした点にあった。

このとき国家財政は西南戦争の戦費で大赤字だったから、左大臣有栖川宮や最古参の参議で会計を担当する大隈重信（前大蔵卿）は、

「払下げは適正な市場価格で行い、少しでも多く国庫に返納させて赤字財政を補填すべき」と考え、ミエミエの安価にすることに反対した。このことを『明治天皇紀』は、

「大隈重信之《これ》を不可と為《な》す。左大臣熾仁親王、亦《また》、あえて賛せず」

と記している。

黒田清隆が七月二十一日に払下げを廟議に提議すると、民間では「開拓使官有物払下げ」を批判する集会が各地で開催され世情は騒然となった。

「誰が払下げをリークしたか」について縷々論じる向きもあるが、払下げは政府内で広く知られた事柄だから隠しようもなく、幅広く世間に知れ渡ったのだろう。

そして自由民権家とくに福沢諭吉の門下生らが演説会などで政府を攻撃し、新聞各紙も払下げを激しく非難。沼間守一（かつて幕府陸軍歩兵頭だった）が社長を務める『東京横浜毎日新

聞』七月二十七日付は、

「十年にわたり一四〇〇万円の税金が投入された官有物を、ただ同然の安価で払い下げることは、無償譲渡に等しい」

と批判した。『郵便報知新聞（前島密により明治五年に創刊され、のちに立憲改進党の機関紙となる）』も、七月二十七日から八月一日にかけて社説を連載し、

「官有物の価値は約三〇〇〇万円である。これを三〇万円で払い下げるのはおかしい。国権回復と財政健全化のため、すみやかに議会を開設し、万機を公論に決すべきである」

と批判して議会開設を要求した。

こうした混乱のなか政府は、明治十四年八月一日、既定方針どおり「開拓使の廃止」と「官有物払下げ」を公表した。これが火に油を注ぐ結果となり、大騒動となった。

全国各地で薩長藩閥政府を弾劾する演説会が開催され、八月五日付『朝野新聞』は、

「官有物払下げは、開拓使の薩摩系官僚四〜五人が北海道の商権を掌握するため行った」

と主張して黒田清隆に批判の矛先を向け、すみやかな国会の開設を要求した。

また『東京日日新聞』の社長福地源一郎（旧幕臣）が八月二十五日に東京新富座で大演説会を開催すると、あふれんばかりの聴衆が烈火のごとく憤って参集した。

こうして払下げ批判の論点は、薩長藩閥批判から国会開設要求へ発展していった。

十年後の国会開設を公約

こうした在野の反対運動について、政府内では、

「大隈重信が官有物払下げ反対論者の首魁であり、騒動を裏で扇動している。大隈は福沢諭吉ら慶應義塾関係者と水面下で手をむすび、薩長藩閥政府を打倒しイギリス流議会を開設して政府の実権を握ろうと陰謀を企んでいる」

との噂が広く流布された。とくに渦中の人となった黒田清隆（薩摩）は、

「佐賀の大隈重信が、薩長藩閥政府を打倒する目的で、払下げをリークしたに違いない。大隈重信は福沢諭吉を『顧問』として、土佐の板垣退助や後藤象二郎ら『民権不平家』と通じ、『奸策』を企てたのだろう」（『寺島宗則関係資料集』）

と思い込んだ。また警視副総監綿貫吉直（もと柳河藩士。西南戦争に政府軍警視隊を率い出征）は、自由民権グループに放った密偵からの情報を集めて、

「福沢諭吉が門下生を使って、新聞に払下げ批判の記事を盛んに報じさせている。自由民権グループは、払下げ批判をつうじて、薩長藩閥政府を打倒しようとしている」

との報告を政府中枢に送った。

世論の激しい指弾を浴びた政府内で、ニュー・リーダー伊藤博文は、

「早期国会開設論者の参議大隈重信が、早期国会開設論者の福沢諭吉、板垣退助らと手を組んで、秘密だった官有物払下げを新聞記者らにリークしたのだろう。本件は、西郷が下野し西南

戦争の発端となった『明治六年の政変』に匹敵する危険性の高い重大事案である」と考えた。薩長藩閥批判が在野で燃え上がり大隈重信を英雄視する風潮が昂《たかぶ》っているのだから、伊藤博文がそう判断したとしても不思議ではない。

実際のところ大隈は、薩長藩閥打倒を目論んで払下げをリークした黒幕だったのか？

そうではなく黒田清隆や綿貫吉直や伊藤博文らの邪推・被害妄想にすぎないのか？

これについては研究者の間でも諸説あり、定説は定まっていない。しかし事の真相は、

「火のない所に煙は立たない」

のであって、濃淡はあるにしても伊藤の判断はおおむね正鵠を得たものだったであろう。

なお福沢の周辺では、

「激怒した薩摩グループが、議会開設を主張する福沢諭吉や大隈重信を捕縛し、国事犯として処刑するらしい」

との風説がながれて緊張感に包まれた。一方、政府側では大隈ら反政府勢力による要人暗殺などを警戒し、警視総監の樺山資紀（薩摩）は要人の警護を強化した。

混乱が深まるなか参議伊藤博文が、十月十一日に東京へ戻った明治天皇から勅許を得て、

一、秘密だった払下げを新聞記者らにリークしたとされる参議大隈重信を罷免し、

二、反政府運動を鎮めるため、官有物払下げを中止させ、

三、国会即時開設を主張する参議大隈重信の意を汲んで十年後の国会開設を公約した。この過程で事態の収拾にあたり政治的力量を発揮した伊藤博文が、明治政府の最高指導者と目されるようになる。これが「明治十四年の政変」のあらましである。

かつて明治二年頃は民部大蔵大輔大隈重信の築地梁山泊に集っていたニュー・リーダー伊藤博文は、今や最古参の参議大隈重信と熾烈な政争を演じるまでに成長したのである。

十年後の国会開設が公約されると、板垣退助は「待ってました」とばかりに明治十四年十月十八日に「自由党」を結成した。かつて国会開設を求めて全国から八万七千余人の署名を集めた国会期成同盟が自由党の母体となり、その人脈と人的基盤を結集した。自由党は党首板垣退助、副総理中島信行。常議員には後藤象二郎らが就任し、設立の目的を、「自由を拡充し権利を保全し社会の改良を図り、もって善良なる立憲体制を確立する」(『自由党盟約』)

とした。自由党は地租軽減などを求める地方の豪農層(地主階級)を主な支持基盤とし、フランスの思想家ルソーの自由主義を理想としてフランス流急進主義をとり、目標に向かって直行することを目指した。板垣退助は全国を遊説し自由党の党勢拡大に努めた。

板垣退助の自由党は、やがて紆余曲折を経たのち、戦後は自由民主党になる。

大隈重信は改進党を結党

明治政権内の高官だった参議大隈重信は、前述のとおり「士族の反乱」とよばれる「佐賀の乱（明治七年）」から「西南戦争（明治十年）」へ至る間、旗幟を明らかにせず、海底に棲む深海魚のようにほとんど動かなかった。このころ大隈がした仕事は、前述のとおり明治十一年に彦根城を保存したことと、明治十三年に会計検査院を設立したことくらいだった。大隈は参議という高官の地位にあったが、明治政権内で孤立して身動きできず、少しでも動けば政権から排除されるリスクを抱えていたのである。

しかし西南戦争が終わって四年経ち、再び自由民権運動が高揚し、在野の福沢諭吉ら慶應義塾グループがイギリス型議会制度の導入を公然と主張するようになると、これまで国会即時開設論を胸に秘め隠忍自重していた参議大隈重信はついに立ち上がり、明治十四年三月、速やかなる国会開設を求める大隈意見書を左大臣有栖川宮に提出したのである。

一方、伊藤博文は、議会制度の導入を難事と見ていたから、「国会開設の前に、憲法・衆議員議員選挙法・内閣制度・行政機構などを整備するべき」と主張し、両者は対立を深めた。これが「明治十四年の政変」の深層である。

大隈が罷免された翌日の十月十三日、大隈グループだった矢野文雄（太政官大書記官。慶應義塾出身）、犬養毅（統計院権少書記官。慶應義塾出身。のちに首相）、尾崎行雄（統計院権少書記官。慶應義塾出身。のちに『憲政の神様』と呼ばれる）が免官となった。十月二十五日には小野梓（会計検査院一等検査官）が、十一月八日には前島密（内務省駅逓総監）が下野。河野敏鎌《とがま》（農商務卿。もと土佐藩郷士）も大隈に同調して下野し、北畠治房（司法省判事）が失脚し政府から追い出された。

大隈重信は、明治十四年の政変で政府を追われると、自邸にこもって逼塞し、

「予は俯仰《ふぎょう》天地に愧《は》じることなし。いよいよ静居して天下を卜《ぼく》せんと欲す。江藤新平・前原一誠・西郷隆盛・後藤象二郎・板垣退助の如き、ひとつとして出処の正しき者なし。予は、明治政府の職を辞したる貴顕《きけん》紳士の手本を出さんと欲す」（『大隈重信関係文書』）

と述べて、悠々《ゆうゆう》自適を宣言した。

これは薩長藩閥政府の目をくらまし「アヒルの水かき」を行うための煙幕だった。忍術でいえば「隠遁《いんとん》の術」である。大隈は水中へ深く潜るように藩閥政府や国民の前から姿を消して、地下活動（水中活動か？）に入ったのである。

大隈重信の本心は、改進党の結成を藩閥政府に邪魔されないようにすることだった。

政府高官から一介の在野人へ戻った大隈の進退は、この頃、大隈を追い出した藩閥政府からも、また何の関係もない一般国民からも注目の的となっていた。ある者は、

「虎を檻《おり》から出して野に放ったようなものだ。ただ事では済《す》まされまい」

と言い、またある者は、

「第二の江藤新平・西郷隆盛のように、第二の佐賀の乱・西南戦争を起こすのではないか」
などと論じていた。だから大隈は、不穏の形勢のなか、悠々自適を宣言したのである。

こののち大隈は一気に水面へ浮上して、明治十五年（一八八二年）三月十四日の新聞に政党組織の趣意書を発表し、四月十六日に立憲改進党の結党式を挙行。改進党は党首大隈重信、副党首河野敏鎌で発足し、下記の四派から構成されていた。

① 矢野文雄、犬養毅、尾崎行雄ら大隈とともに免官となった慶應義塾出身者のグループで、東洋議政会と呼ばれた。『郵便報知新聞』を機関紙とした。

・

② 小野梓（立憲改進党の設立趣意書を起草した）や高田早苗（初代早稲田大学学長）、天野為之（第二代早稲田大学学長）ら、後に早稲田大学を創設する若手の元気者集団。鷗渡会《おうと》（小野梓の家が隅田川の『鷗《かもめ》の渡し』にあったから）と名付けられた。

③ 前島密（旧幕臣）、河野敏鎌、北畠治房ら、大隈と共に政府から追われた旧官僚グループ。修進会と呼ばれた。

④ 『東京横浜毎日新聞』の社長沼間守一（旧幕府陸軍）のグループ。嚶鳴社《おうめいしゃ》という。

大隈は結党の抱負を『わが党人に告ぐ』として、明治十五年三月末、小野梓に記述させ、「英国は順正の手段と着実の方便をもって政治を改良前進したるものと云うべく、余は英国に欽慕《きんぼ》せざるを得ず」（『小野梓全集』）

と述べている。

前述のとおり大隈自身はかつて若い頃、プロテスタント宣教師フルベッキから学んで、イギリス議会制度がイギリスの堅実な発展をもたらしたことを知っていた。こうした大隈の周囲に、ロンドンへ留学しイギリス型議会政治に強く惹かれた小野梓らが集まった。

改進党はイギリスの立憲君主制に基づく穏健な議会政治を模範とし、都市の商業資本家・産業資本家・中産階級・知識階級などを主な支持基盤とし、急激な変革を避け漸進主義をとることを基本方針とした。このことについて改進党で屈指の理論家小野梓は、

「わが改進党は、中等人（中産階級のこと）の嘱望を得るべし。必ずしも上等人（上流階級のこと）の嘱望を要せず。また下等人（下層階級のこと）の嘱望を要せず。中等人が現今の世論を制す。ゆえにわが改進党は、中等人の嘱望を得るべく勉めるべし」

と述べ、改進党は都市の新興中産階級をターゲットにしていることを表明した。

改進党は慶應義塾出身の犬養毅・尾崎行雄や旧幕臣の前島密・沼間守一など多士済々の人材を集めたうえ、広報機関紙として『郵便報知新聞』や『東京横浜毎日新聞』を持った。

改進党の党員数は明治十七年時点で一七二九人（自由党は二三五〇人）だった。

さらに大隈重信は、明治十五年十月、将来の政党政治を見据えた人材養成機関として早稲田大学（創設当初の名称は東京専門学校）を建学した。

その意味で改進党は、熱と力の自由党と比べて組織的《システマティック》だったといえる。

大隈政経塾としての早稲田大学

大学の敷地はかつて彦根藩主井伊直弼の別荘があった広大な田甫《でんぽ》で、新校舎一棟、一期生八十七人、政治科・法科・文科の文系三科で発足した。大学の創設は小野梓を中心とし、大隈を慕う東京大学文学部卒業生の高田早苗（早稲田大学初代学長）、天野為之（早稲田大学第二代学長。東洋経済新報社主幹）、坪内逍遥（小説家）らが参画し教授陣を構成した。設立当初の早稲田大学は大隈が理想とする新しい政治や社会を建設する人材の育成を目指し、改進党を運営していく政治家養成学校、改進党機関紙『郵便報知新聞』や『東京横浜毎日新聞』の新聞記者養成学校という側面もあった。

早稲田大学の名門サークルは雄弁会で、大隈重信が雄弁会の初代総裁になった。

こののち早稲田の雄弁会は、島根県議からスタートして首相に上り詰めた竹下登氏や、衆議院副議長を務め民主党最高顧問にも就任した渡部恒三氏らを輩出する。たまに結婚式などで歌われれる商大ノーエ節という歌が、設立当初の早稲田大学について左記のように唄っている。商大とは今の一橋大学であり、この歌のメロディーは農兵節である。

♪ 商大の屋根からのぉえ〜、商大の屋根からのぉえ〜、ええ、商大のサイサイっ、

屋根から早稲田を見ればぁ、未来の村長がのぉえ〜、未来の村長がのぉえ〜、

ええ、未来のサイサイっ、村長がぁ、演説の稽古

商大ノーエ節は、「明治十四年の政変」を契機としてその翌年に早稲田大学が設立されたこ

とを唄っているのであり、早稲田大学の前身である東京専門学校は「大隈政経塾」ともいうべき政治家養成学校としてスタートしたのである。しかし月謝収入だけで学校運営費をまかなうことは困難で、教員への俸給は滞りがちだった、という。

一方、薩長藩閥政府は、四カ月前の明治十五年六月に集会条例を改正して自由党や改進党など政党への弾圧を強め、政治結社を抑制し、国民の言論の自由を奪い、その政治活動を封じようとしていた。

とくに西南戦争で西郷と戦った山県有朋は、学校ときくと西郷の「私学校」を思い出し、大隈の東京専門学校を西郷の私学校のような政府の武力転覆や要人暗殺を行う反逆の徒の巣窟と考えた。そして策士大久保が薩摩へ中原尚雄ら東獅子と呼ばれた密偵を送り込んだように、山県も密偵を大隈周辺や東京専門学校（のちの早稲田大学）へ送り込んだ。

さらに山県は金銭面から締め上げるため、各銀行に、

「東京専門学校および大隈らへは、一銭たりとも融資はまかりならぬ」

との通達を下した。これが山県有朋という狭量な男なのだ。

資金不足におちいった大隈が、取り立てが厳しく世間から「鬼の専蔵」と恐れられた横浜の高利貸：平沼専蔵に十三万円の大金の借入を申し込むと、高利貸：平沼専蔵は、

「そういうことなら全額寄付しますよ」

と言い、無学・貧窮から身を起こした平沼は早稲田大学の第一号寄付者になった。

大隈は後年、創立当初の早稲田大学に対して藩閥政府が非道な迫害を加えたと回想して、「吾輩は政府から追い出されたくらいだから、危険人物という訳だったたであろう。そこで政府はこの学校を謀反人養成所とみて、終始探偵がつきまとう始末だった。地方からこの学校に入ろうとする者があっても、政府の各地方官が、この学校に入れぬよう、父兄を説得して引き留めるから入学希望者がはなはだ少ない」

と述べている。

しかし「世の中、捨てる神ありゃ、拾う神あり」で、政府の妨害があればあるほど興味を持って志願する気骨ある青年が年々増えて志願者が増加した、とされる。

このことが早稲田の学風に、ある種の侠気を生ませたであろう。

なお大隈は明治十七年（一八八四年）三月に早稲田の別邸へ転居し、これを本邸にする。

帝国議会の発足

明治十四年の政変で参議大隈重信を政府から追い出した参議伊藤博文は、

「国会開設の前に、内閣制度と憲法を制定する必要がある」

と考え明治十五年にヨーロッパ各国の憲法を調査するため渡欧し、明治十六年（一八八三年）に帰国。明治十七年に華族令を定めて旧公卿・旧大名・維新功労者を華族とし、貴族院

伊藤博文

（参議院の前身）の設立に備えた。さらに伊藤は政府機構の改革を図り、明治十八年（一八八五年）、太政官制を廃止して内閣制度を創設。みずから初代総理大臣となった。

内閣制度は責任大臣制へ移行したもので、これまでの参議を廃止し、各参議はそれぞれ各省大臣となって担当分野に責任をもち内閣を支えることとしたのである。

第二代首相黒田清隆（薩摩）のもとで明治二十二年（一八八九年）二月十一日に大日本帝国憲法が発布されると、黒田は大日本帝国憲法発布翌日の二月十二日、地方長官らに、

「施政上の意見は人々その所説を異にし、その合同する者団結して政党の存立するは情勢の免れざる所なり。しかれども政府は、常に一定の方向を取り、超然として政党の外に立ちて、公正の道に居らざるべからず。（政府の）各員、不偏不党の心を以って人民に臨み、撫馭《ぶぎょ》（手なずけること）よろしきを得て、国家隆盛の治（行政のこと）に勉めるべきなり」

と訓示し、「超然主義」を唱えた。

こうした準備を整えたのち明治二十三年（一八九〇年）七月に第一回衆議院議員総選挙が実施され、明治二十三年十一月に第一回帝国議会が開会された。

第一回帝国議会は議員総数三〇〇名のうち民党（民権派政党のこと）は自由党一三〇名、改

進党四一名、計一七一名で過半数を占めたが、民党は自制した対応をとった。一方、議会で初めて民党と対峙した第三代首相山県有朋による第一次山県内閣（明治二十二年十二月〜）は超然主義で臨んだ。

第四代首相松方正義（薩摩）による松方内閣（海相樺山資紀）の頃になると、民党は議会に慣れ、軍艦建造費を大幅に削減すべく「民力休養・政費節減」を叫んで軍事予算削減を求め政府と衝突した。このとき海相樺山資紀（薩摩）は、烈火のごとく怒って、

「政府は、今日まで、幾度も国家の難関を切り抜けてきた。薩長政府とか何政府とか言っても、今日、国の安寧を保ち、国民の安全を保ったということは、誰の功であるかッ！」

と言い放った。この発言は「蛮勇演説」と呼ばれている。果たして蛮勇なのか？　正論か？この判定は、読者の皆様のご判断に委ねることとする。

超然主義を標榜した松方正義内閣が衆議院で多数派を占める民党と衝突して立ち行かなくなり総辞職すると、第五代首相伊藤博文（長州）が第二次伊藤内閣（明治二十五年《一八九二年》八月〜明治二十九年《一八九六年》九月）を発足させ民党と対峙したが、

「民党の協力がなければ予算も法律も成立しない。議会を無視した政治は行えない」

と悟るようになる。

大隈重信は、この間の明治二十九年三月一日、改進党を中核とし弱小諸派を糾合して衆議院議員一〇三名による進歩党へ改組し、犬養毅・尾崎行雄らの集団指導に委ね「財政整理」「責

任内閣」「国権拡張」などを掲げた。結成直後の党員は五万余人だったとされる。

選挙運動としての大隈の帰郷

大隈重信は、第二次伊藤内閣のときの明治二十九年（一八九六年）四月二十五日から五月十七日まで正味二十二日間、故郷の佐賀へ帰郷した。

藩校弘道館を退学した大隈は文久二年（一八六二年）に長崎へ出て宣教師フルベッキからイギリス議会制度などを学び、大政奉還により幕府役人が引き揚げた後は英公使パークスと激論を交わし、そののち明治新政府に出仕して以来、三十四年が経っていた。

大隈重信にとって故郷佐賀は、懐かしくもあり、苦渋の地でもあった。

最大の悔恨は、同志江藤新平が「佐賀の乱」で刑死したことだったであろう。

江藤新平は、佐賀藩上級武士の家に生まれた大隈とは異なり、佐賀藩下級武士の家に生まれてのし上がった元気印である。貧窮生活のため髪の毛はぼさぼさでぼろぼろの服を着ていたが、学問を好み、

「人智は空腹より出《い》ずる」

と豪語して浩然の気を吐いていた。確かに、飽食して満腹になれば眠くなる。

こののち前述のとおり江藤新平は、岩倉遣外使節団が外遊したとき大隈重信らとともに西郷留守政府（明治四年十一月～明治六年十月）の一員となり、イギリス・フランス・アメリカを

手本とした近代国家の建設に取り組み、
一、華族・士族に職業選択の自由を許し、神社・仏閣の女人禁制を排し、人身売買を禁じて人権を確立し、四民平等を実現。さらにキリスト教を容認した。
二、初代司法卿となって三権分立の導入を進め、司法行政と裁判を分離し、民法・国法を編纂して司法制度を整備した。
という明るい国造りを実現。明治六年の政変で板垣退助、副島種臣、後藤象二郎とともに下野した。ここまでの江藤の言動に誤りはない。

このころ郷里の佐賀では士族らが新政府に不満を強めていたので、政府を追われ無聊《ぶりょう》(暇で退屈であること)をかこっていた江藤は板垣退助、副島種臣、後藤象二郎らが止めるのも聞かず不平士族をなだめるため佐賀に戻った。しかし「ミイラとりがミイラになる」という結果となって佐賀不平士族六千余人の頭領に祭り上げられ、明治七年(一八七四年)、佐賀の乱に決起して敗走。捕縛されて斬首され、梟首された。

佐賀藩士の総数約一万四千人(明治五年の版籍奉還のときの提出資料による)のうち、降伏叛徒概計は六三二七人(鎮圧軍が明治七年に政府へ提出した報告書による)とされ、戦死者は約二百人。乱の鎮圧後、江藤ら十三名が死刑に処せられ、一三六人が懲役、二四七人が除族などの処分を受けた。こうした出来事があったから、佐賀では明治政府への反感は拭い去れないものがあった。

大隈重信は佐賀の乱のとき、窓際で閑居していたとはいいながら参議という明治政府の高官の地位にあり、結果として佐賀の盟友江藤新平を救うことも出来ず見殺しにしてしまったのだから、地元感情を考慮すれば帰郷することができなかったのである。

しかし明治二十九年ともなれば佐賀の乱から二十二年経っており、生々しい記憶や中央政府にいた大隈への反感も薄れ、ほとぼりも少しは冷めてきた。そこで表向きの理由は先祖の墓参ということにして、大隈の夫人綾子、娘熊子や親戚、従僕五名、医師、女中、看護婦らを伴う十九名の大人数で、佐賀へ帰省したのである。

帰郷の真の目的は、きたる総選挙で進歩党が地元佐賀で圧勝するための地盤固めだった。だから大隈は地元で二十七回もの演説・講演・談話を行った。大隈の面目躍如たるところである。四月二十五日午後に佐賀駅へおりた大隈は、同郷の武富時敏（のちに第二次大隈重信内閣で蔵相になる）や、佐賀の乱で刑死した江藤新平の次男で衆議院議員の江藤新作ら数百人の出迎えを受け、沿道では一万人以上が大隈の帰省を歓迎した。江藤新作は大隈から手厚い経済的援助を受けて明治二十七年（一八九四年）の総選挙で初当選を果たし、以来、衆議院選挙に六回連続当選を果たす。

到着の翌日、大隈は佐賀市内の松原神社（龍造寺隆信、藩祖鍋島直茂、鍋島直正を祀る）と高伝寺（歴代佐賀藩主の菩提寺）と大隈家の菩提寺龍泰寺に参った。次の日は藩校弘道館の教育理念を受け継いだとされる勧興小学校（現・佐賀市立勧興小学校）や佐賀中学校（現・佐賀県立佐賀西高校）、師範学校、実習女学校、病院、織物会社、発電所、炭鉱などを訪れ、五月四日まで佐賀市で過ごした。

次に支藩のあった武雄市を訪れ（五月四日、五日）、ついで佐賀の代表的産業である陶器の産地である伊万里市（五日～八日）および有田町（八日、九日）を、さらに支藩のあった鹿島市（九日～十一日）を訪れた。こののち佐賀へもどって十三日には川原招魂社（のちの佐賀県護国神社）へ行き、佐賀の乱で処刑された十三人を祀った「嗚呼の碑」を参詣した。十六日は支藩だった小城に日帰りした。大隈が人力車で地方へ移動するとき、沿道には各村落の有志者、生徒ら数千人が大隈を歓迎した、という。

そして大隈は、五月十七日午後一時五分発の列車で佐賀駅を発つ。

大隈は、五月八日に伊万里で実業家約二百人を相手に行った演説では、

「明治維新後、電信・鉄道など文明の利器が発達したので全国の商業は大変動をとげている。かつての富者が貧者になったり、かつての貧者が富者になるなど大浮沈が生じるだろう。日本経済は著しく発達しているから、やがて富力でアメリカに劣らぬ経済大国になるだろう。この伊万里には『古伊万里』というロシアやドイツやイタリアの帝室や宮殿を飾る陶器がある。近郊では石炭も産出し、陶器を輸出する良港もある。伊万里は昔から代官が統治に困るほど『自治の精神』に富んでいる。これらを活用し、商業全般の活性化を図ることが急務である」

と主張した。この様子を地元の新聞『佐賀自由』は、

「満場水を打ったように静粛に傾聴し、商人らの口から感激の低声が漏れ、一層の感激を起こした」

と報じている。

このように大隈の演説は、今後の世界や日本の近代化への大変動と盛衰の激しさを述べて、このののち各地域や個人に起きるであろう変化を予言して論点を単純かつ明瞭にしたうえ、その地域の誇るべき歴史や産業・資源の特長や欧米列強の例などを織りまぜて、

「世界を視野に入れ自立心をもって創意工夫するなら、地域の発展可能性は多大である」

とオーバーに述べる壮大なる地域振興論である。大隈は聴衆に創意工夫と努力を重ねることを求めて奮起させ、聴衆を魅了した。この大隈の発想は今日でも通用するであろう。


江戸時代は士農工商ということで、商人の身分は最も低かったが、大隈は、

「これからの時代は、創意工夫と努力を重ねる商人が主役になるのだ」

と説くのだから、商人らは大隈の主張に共感した。そして、

「大隈が進歩党という政党を創ったのは、商人が主役となる国造りが目的なのだ」

ということであれば、商人・実業家はその財力《かね》を大隈が創る政党に寄付しても惜しくはないであろう。何といっても財力《かね》を持っているのは商人・実業家なのだから、大隈は商人・実業家

を進歩党という新しい政党の基礎に置いたのである。

これが大隈のリアリズムだった。

大隈は、四月二十八日に佐賀市内の実業家から招待された宴会での演説では、

「佐賀は、新しい産業が育たず、衰退している。佐賀人は意気地なしである。今は封建時代の士農工商ではなく、武士も百姓も商人も身分差別はないのだから、佐賀人は士族根性をすてるべきだ。水力・石炭を利用して発電して新事業を起こすべきであり、このため商業会議所や工業学校を作るべきだ」（『佐賀自由』一八九六年四月三十日）

との趣意を述べ「佐賀の経済的衰退は士族根性にある」と論じ、実業家の奮起を促した。

そもそも佐賀は「葉隠れ武士道」といって武士道の本家本元のような土地柄であり、江戸時代は士農工商で商人は最下層（?）だった。しかし大隈は、

「これからの時代は商人が最上級の階層へ上昇し、新しい時代の主人公になるのである。だから佐賀の商人は古臭い士族至上主義から訣別して、新天地を切り開け」

と刺激的に論じたのである。

また大隈は、佐賀市内における女子の最高教育機関だった私立実習女学校で四月二十八日に演説を行い、地主・大商店主・医師・県庁役人など上流家庭に育った女子生徒らに、

「女性がひとたび他家へ嫁げば、その家政を取り仕切る大役を果たさなければならない。嫁ぎ

先の父母への孝養、子供の教育が最も主な仕事となる。しかし万一にも不幸に出会うかもしれないので、女性たるもの手芸など手に職をつけておくべきだ。フランスの手工芸品は世界一であるが、日本人はフランス人より手先が器用なので、皆さんはフランスの手工芸品を圧倒することができる」

と説いて激励した。大正期になるまで、中産階級以上の女性が職業に就く習慣はなかったから、女性の自立を勧めた大隈の演説は、当時としては先進性のあるものである。

この大隈の女性観は、夫と早く死別し、一家を支えた母三井子にあったであろう。母三井子は十九歳で大隈信保と結婚し、重信を含め二男二女を生んだが、四十四歳のとき夫と死別。いつまでも悲しみに打ちひしがれているわけにもいかず、一家の柱として強く立ち上がった。母三井子は賢明かつ勤勉で慈愛に満ちた信心深い女性で、蓮糸で織った曼荼羅四十二幅を全国の寺におさめ、明治二十八年（一八九五年）一月に九十歳で他界した。

大隈は、こののち日本女子大学の設立に奔走する成瀬仁蔵から協力を要請されると快諾して大学創立委員長となり、明治三十四年（一九〇一年）に日本女子大学が設立されるや終身評議員となり、また日本女子大学の校庭に花園を寄付。早稲田大学の教員が日本女子大学の講義を担当する。平成十一年（一九九九年）には、早稲田大学と日本女子大学の間で学生交流協定が締結され、双方の大学の講義が履修可能となるなど、両校は親しい関係にある。

大隈が佐賀を去る日、佐賀の乱に関わった士族の江副靖臣が経営する地元新聞『佐賀自由』は、社説に「大隈伯を送る」と題して、

「大隈伯は、『佐賀人士は士族が争い意気地がない』などと言うが、郷里を出て三十年来一回も帰らなかった者が、佐賀の不振の原因云々を言うのは、郷土に尽くす姿勢にやや欠けたるところがある」（『佐賀自由』一八九六年五月十七日）

と正論を吐いて、苦言を呈した。これも的を得た指摘である。

それはそうであるけれども大隈は、佐賀の乱に参加した武富時敏や、佐賀の乱で刑死した江藤新平の息子江藤新作を物心両面で支援した。このように大隈には、佐賀士族を批判する一方、佐賀士族を支援するという矛盾性があった。また大隈はあちこちの講演に招かれ、禁酒団体と酒造業組合を一日のうちにはしごする矛盾性もあった。今日にいたるまで大隈の全集が発行されないのは大隈のこういう矛盾性が遠因である、と早稲田大学非常勤講師の佐藤能丸氏が指摘している。

この矛盾性は許容範囲にあるのか無いのか。読者のご判断に委ねることとする。

第四章

第一次大隈重信内閣

板垣退助と協力して第一次大隈内閣（隈板内閣）を組閣

第二次伊藤博文内閣（～明治二十九年《一八九六年》九月）のとき日清戦争（明治二十七年《一八九四年》七月～明治二十八年《一八九五年》四月）がおきて日本の勝利となった。しかし敗れた清国に代わってロシアが朝鮮へ進出し、ロシアへ傾斜した朝鮮国王高宗は明治二十九年二月にロシア公使館へ入り、同年八月にロシア商人に森林伐採権を与えるなどロシアの影響下に入った。このためわが国の脅威はさらに深まり、第二次伊藤内閣は総辞職となった。

こののち明治二十九年（一八九六年）九月に発足した第二次松方正義内閣は日清戦争後の財政整理に取り組み、明治三十年（一八九七年）に金本位制への移行を成し遂げた。

しかし一方、足尾銅山（古河鉱業が経営）の鉱毒被害について、かねてより衆議院議員田中正造（改進党→進歩党）が国会で質問し操業停止を要求していたが、政府はなんら鉱毒対策を行わなかった。これを不満とした被害農民二千余人が、明治三十年三月二日、陳情のため徒歩で東京へ向かい、過半の者は館林・佐野・古河などで警官隊に阻止されたが、八百余人が東京にいたり農商務省の前で足尾銅山の操業停止を強訴した。これに対し政府が、

「鉱毒問題は、古河鉱業と被害農民との民事上の問題であり、政府は関与しない」

と回答したため被害農民は激高し、農商務大臣榎本武揚が三月二十九日に引責辞任。このの ち八月、第二次松方内閣は歳入不足を補うため地租増税を目論んだところ非難を浴びて政権運営に行き詰り、明治三十一年（一八九八年）一月に退陣した。

そこで伊藤博文が明治三十一年一月に第三次伊藤内閣（陸相桂太郎・海相西郷従道）を発足させ、超然主義を標榜しつつも、民力休養・政費節減を掲げる民党との妥協を模索した。首相伊藤博文は政府に協力的だった自由党（板垣退助）を抱え込んで政権を運営しようとしたが、この目論見は成功しなかった。

一方、議会で圧倒的多数を占める民党の側では、「建設的政策をもって、みずから政権を担おうではないか」との気運がたかまり、明治三十一年六月二十二日、大隈重信の進歩党と板垣退助の自由党が合流して「憲政党」を結成。衆議院に絶対多数を持つ巨大政党が出現した。

すると首相伊藤博文は、憲政党という巨大野党の切り崩しができず、議会運営が立ちゆかなくなり、八日後の六月三十日、政権をブン投げて総辞職。野党である大隈重信と板垣退助の両名に政権を担わせたのである。

このとき伊藤は内閣を投げ出す五日前の六月二十五日、大隈・板垣両人を招いて会談した。このやり取りは、伊藤の秘書として会談に立ち合った伊東巳代治（大日本帝国憲法起草者の一人）が『会見紀要』に左記のように記録している。

伊藤「立憲政治のもとで国務の遂行を図ろうとしたがうまくいかない。貴方々なら、議会の運営もうまくいくだろう。どうか政権を担当していただきたい」

大隈「貴方の急な辞職はまことに意外である。我々が政権を担当してうまくいくのか、案じられる」

板垣「伊藤侯の辞職は私にとっても意外だった。民党が合同して政策綱領が発表されたといっても、ほんの輪郭だけで、国務に関する計画は具体的方法も充分審議していない。この合同は甚だしく薄弱である。しかし大隈伯が引き受けるなら、私は旧自由党を挙げて大隈伯に委ねる。私自身はとても政権を担当する器ではない」

大隈重信と板垣退助は首相伊藤博文の政権ブン投げに驚きつつも政権を担う覚悟を固め、大隈が首相兼外相、板垣が副首相兼内相になり、大隈は板垣と協力して日本史上初の政党内閣である第一次大隈重信内閣（隈板内閣）を明治三十一年六月にスタートさせた。

このとき陸海軍は政党政治の発足を嫌って陸相・海相を出さず、組閣を妨害した。すると明治天皇は優詔《ゆうしょう》（ねんごろな仰せのこと）を下して前第三次伊藤博文内閣の陸相桂太郎・海相西郷従道を留任させ、日本史上初の政党内閣の登場を支援した。

第一次大隈重信内閣は左記の陣容で発足した。

首相兼外相	大隈重信	旧進歩党
副首相兼内相	板垣退助	旧自由党
蔵相	松田正久	旧自由党

文相	尾崎行雄	旧進歩党
司法相	大東義徹	旧進歩党
農商務相	大石正巳	旧進歩党
逓信相	林有造	旧自由党
陸相	桂太郎	陸軍大将
海相	西郷従道	海軍大将
内閣書記官長	武富時敏	旧進歩党

隈板内閣は時期尚早のなか発足したのだから、大隈の支持者らは新党内での反目や経験不足が表面化することを恐れた。とく大隈の同志で「明治十四年の政変」で司法省判事の職を失い大隈と共に政府から追い出された北畠治房は、大隈への七月二日付の手紙で、

「閣員の顔ぶれを観《み》れば剛毅英邁の資（質）に富むも、政務のことに至りてはその資の貧たるもの。（大隈は）自重自愛して神心閑遊のご工夫を万望す。官吏の選任には適材適所をもって臨み、いたずらに党員のわがままを許すべきでない」（『大隈重信関係文書』）

と忠告した。またこの官僚人事問題について内閣書記官長武富時敏は、

「世間の要求、とくに党員の期待することところは、従来の官吏をことごとく放逐して、これにとって代わらんとするにあったので、進退窮まるの境地にたった」（『大隈侯八十五年史』）

大隈重信

との記録を残している。党員らは官僚全員の放逐という無理難題を求めたのである。

ともかくもこうしてわが国初の政党内閣がスタートした。第一次大隈重信内閣（隈板内閣）は陸海軍大臣以外は政党人によるわが国初の政党内閣として日本憲政史の扉を開いた。

このころ大隈重信は、嘉仁皇太子（のちの大正天皇）から深く信頼されていた。

両人の初対面は、第一次大隈内閣（隈板内閣）成立直後の明治三十一年七月二日。大隈重信が首相就任挨拶のため、嘉仁皇太子を訪問したときである。

大隈重信は、そののち第一次大隈内閣退陣後の同年十二月四日、大隈の早稲田邸に嘉仁皇太子を招いた。嘉仁皇太子は早稲田大学（当時は東京専門学校）の学生・卒業生・教員など一八〇〇人が歓迎するなか、午前十時に大隈邸へ到着。昼食・能狂言・庭園散策などを楽しんで、午後三時頃、帰路についた。嘉仁皇太子は、その後も何度か早稲田の大隈邸を訪問している。皇太子が在野の人物の私邸を複数回訪れるのは極めて異例で、大隈重信だけだったようだ。皇太子は大隈重信に好感を持っていたのである。

なお嘉仁皇太子（大正天皇）は、山県有朋を嫌っていた。

山県有朋は嘉仁皇太子を「繰り人形」として扱う傾向が強く、明治二十九年、沼津御用邸で静養中の皇太子を訪れ、君主としてあるべき君道論を説いたところ、皇太子は周囲に、

「山県有朋が酒に酔って暴言を吐いた」

と不満を述べた。山県有朋は事あるごとに、健康や、結婚した場合の妻との接し方など、君主としての振舞い方について細々と意見を述べたが、嘉仁皇太子は山県有朋を疎ましく思っていたのである。

明治中期以降、元老のなかでは伊藤博文と山県有朋が双璧で、明治天皇は伊藤博文と山県有朋の「二枚のカード」を持っていた。明治天皇は快活かつ冷静で立憲制度を確立し議会政治への道を開いた文治派の伊藤博文を愛し、性格的に暗く陸軍・内務省・警察に基盤を置き権力志向の強い武断派の山県有朋を嫌っていた。

嘉仁皇太子も、明治天皇が山県有朋を嫌ったように、山県を嫌ったのである。

山県有朋はこのことをよく察知しており、嘉仁皇太子が即位して大正天皇となった大正五年（一五一六年）頃、高橋是清に対し、

「大正天皇は皇太子の頃から自分を好まれず、天皇となった今でも自分を嫌っておられる」

と述懐している。その理由について長州出身の枢密顧問官三浦梧楼《ごろう》は、大正五年四月四日、山県有朋（長州）に忠告して、

「君（山県有朋）ガ奏上ハ先帝（明治天皇のこと）ヲ云々スルモ、大隈（重信）ハ先帝ハ先帝ナリ。今上陛下（大正天皇）ハ其御考ヘニヨラザルベカラズト申上ゲテ、陛下ノ御心ヲ動カシ奉リ」（『原敬日記』）

と語り、大隈重信が大正天皇に自分の思ったとおり行動すればよいと勧めて信頼を得た、と述べている。

明治天皇は伊藤と山県の「二枚のカード」を持っていたが、伊藤博文は明治四十二年（一九〇九年）に死亡するので、大正天皇には山県という「一枚のカード」しかなかった。このため後述のとおり大正天皇は、山県有朋に羽交い絞めにされる不幸にみまわれる。

第一次大隈内閣（隈板内閣）の退陣

第一次大隈重信内閣（隈板内閣）は、発足すると間もなく、内部対立が先鋭化した。旧自由党は外相ポストを望んだが、外相は首相大隈が兼務したので、

「重要閣僚ポストが旧進歩党に多く割り振られている」

と不満を強め、内紛を抱えたままのスタートとなったのである。

そもそも自由党は前述のとおり板垣退助が創《つく》ったのだが、この頃になると板垣の英気は衰え、「押し通る」とあだ名された若手の星亨が党の実権を握って横車を押した。

星亨ら旧自由党は、大隈の腹心で旧進歩党の元気印・文相尾崎行雄を嫌い、その言葉尻（共

和演説）をとらえて辞任を求めた。のちに憲政の神様と呼ばれる尾崎行雄は暴れ馬のような性格で、誰に対しても不遜な態度をとる欠点があったのである。そこで大隈首相は尾崎行雄を十月二十二日に辞任させ、後任文相に旧進歩党の実力者犬養毅を据えた。すると星亨らは、文相ポストが自分ら旧自由党に回ってこなかったことに憤激して倒閣運動をおこした。

ここに至り旧自由党系と旧進歩党系の絆は完全に断たれ、第一次大隈重信内閣は、明治三十一年十一月八日、設立後わずか四カ月の短命で倒れたのである。

首相を辞めた大隈は政界を引退し、早稲田の自邸に引きこもった。

伊藤博文は政友会を結成

第一次大隈内閣が倒れたあとを継いだ第二次山県内閣は、「政党勢力の進出は止められない」

との前提のうえ、政府の施策が政党勢力から介入されぬよう超然内閣の強化を目指し、明治三十一年十二月三十日、第二次松方内閣以来の懸案だった地租増税を実現した。

また政党員が官僚になることを制限するため文官任用令を明治三十二年（一八九九年）三月に改正し、治安警察法を明治三十三年（一九〇〇年）三月に発布して労働運動・社会運動を取り締まった。さらに陸海軍大臣を現役の大将・中将に限る「軍部大臣現役武官制」を明治三十三年五月に定め、退役将官や政党人や民間人が陸相・海相になる道を閉ざした。このため軍部の意向に迎合しなければ組閣したり内閣を維持することは不可能になり、軍の政治関与が強化されるようになる。

一方、伊藤博文は、山県有朋と同様、「政党勢力の進出は止められない」との前提のうえ、「自分が開設した国会を自分の意のままに動かすには、『自分の政党』を作る必要がある」と判断し、みずからの政党を作る。これが「政友会」である。

伊藤博文は、第一次大隈内閣が明治三十一年十月に旧自由党系と旧進歩党系の内紛で倒れると、旧自由党系の勢力を囲い込んで明治三十三年九月に自分の政党「政友会」を結成し、みずから政友会の初代総裁となった。前述のとおり伊藤博文は第三次伊藤内閣のとき、政府に協力的だった自由党（板垣退助）を抱え込んで政権を運営しようとした。この目論見は成功しなかったが、伊藤博文は以前から旧自由党と親和性を保っていたから、このたび旧自由党の勢力を囲い込んで政友会を作ったのである。

このとき伊藤博文から勧誘を受けた星亨ら旧自由党系は、多年指導者と仰ぎ苦楽を共にしてきた旧主板垣退助（これを機に政界を引退）を見捨て、伊藤の下に馳せ参じた。こののち政友会は常に政権与党として陽の当たる道を歩み、戦後は自由民主党へ衣替えする。

伊藤博文が旧自由党の勢力を囲い込んで政友会を作るに際して、西園寺公望が伊藤博文と旧自由党をつないで、政友会の結成に協力した。

西園寺公望は上級公卿の家に生まれ、明治三年（一八七〇年）からフランスへ国費留学し、以後十年間にわたりフランスの思想・文化を吸収して明治十三年（一八八〇年）に帰国。翌明治十四年（一八八一年）三月、板垣退助が自由党を結党するためのオピニオン誌「東洋自由新聞（発行部数二〇〇〇部）」の社長に迎えられ発行に携わった。

こののち西園寺公望は、明治十五年（一八八二年）、伊藤博文がヨーロッパ各国の憲法を調査するため渡欧する際、伊東巳代治（のちに大日本帝国憲法草案作成に参画）、平田東助（のちに内務大臣・内大臣）らと共に随行し、とくにフランス通の立場からフランスの憲法・行政の調査研究にあたった。こうして伊藤博文の信頼を得た西園寺公望は、明治二十七年（一八九四年）、第二次伊藤内閣の文部大臣として初入閣した。

西園寺公望

このように伊藤と西園寺は親密な関係にあった。だから政友会旗揚げ（明治三十三年）の際には、西園寺公望が東洋自由新聞を通じて自由党内に培った人脈が旧自由党系勢力の囲い込みに役立ったのである。

第二次山県内閣（外相青木周蔵）は前述のとおり文官任用令を改正し治安警察法を発布し軍部大臣現役武

官制を定めるなど超然内閣の強化を推進した結果、政党勢力との軋轢が激化し、在任約二年で総辞職となった。

そこで伊藤博文が政友会を基盤として明治三十三年（一九〇〇年）十月十九日に第四次伊藤内閣（外相加藤高明）を発足させ議会との融和を図った。しかしこの頃、ロシア軍十七万人が満州へ南下し九月二十六日に遼陽を、十月一日に奉天を占領し、満州全域を完全占領した。これに対し外相加藤高明はロシアに満州からの撤兵を要求したが、ロシアは撤兵を拒否したので、日露間の軍事的緊張がたかまった。そこで第四次伊藤内閣は、明治三十四年（一九〇一年）六月、和戦の選択を後継となる長州出身で山県有朋直系の陸軍大将桂太郎による桂内閣（外相曾禰荒助→小村寿太郎）にゆだねて退陣した。日露開戦三年前のことである

こうして権力は長州第二世代の伊藤博文・山県有朋から長州第三世代の桂太郎に移った。伊藤博文は明治三十六年（一九〇三年）に枢密院議長に就任し、政友会総裁の座を西園寺公望に譲って自分の後継者とする。

一方、政界を引退した大隈はすっかり隠居を決め込み、明治三十五年（一九〇二年）頃、早稲田の邸宅に温室を設け、ボイラーから送った温水でバラ、蘭、菊などを育てていた。明治十五年に設立された東京専門学校は高田早苗らの尽力により発展を遂げ、明治三十五年に早稲田大学と改称され、慶應大学と並ぶ総合大学となっていた。

早稲田大学は明治四十年（一八〇七年）四月に総長・学長制を採用し、大隈重信が総長に、高田早苗が初代学長に就任する。大隈は総長就任の日、真紅のガウンを着て式場に臨み、満面に笑みを浮かべながら五千余人の来会者を前に挨拶をした。

この間、日露戦争（明治三十七年《一九〇四年》二月～）が起き、明治三十八年五月の日本海海戦で日本の勝利が決定した。このとき大隈は講演で、

「日露戦争は日本が勝ちロシアが負けた。これはわが国が封建専制の愚をさとり、憲法を定め、議会制度を発足させて万機公論に決する公議政体を実現し、国民の団結を確立した結果である。国民がこぞって参加する議会が民主的に運営されていなければ、戦争は勝ち得ないのである。ロシアは旧態依然とした専制体制のままだったから敗れたのである」

と述べて、大隈自身が苦心惨憺して取り組んだ公議体制の意義を誇らしげに語った。

日本が日露戦争に勝利すると、これまでロシアと戦って敗れた国々では「日本の勝因は立憲体制を整えた成果なのだ」と受け止められた。

ロシアと露土戦争（一八七七年～一八七八年）を戦って敗れたトルコでは、

「日本が帝政ロシアに勝った勝因は、日本が立憲体制を整えたからだ」

と考えて憲法の復活を目指す運動が活発になり、一九〇八年に憲法が復活して議会が開かれ立憲政治が樹立された。

ロシアの圧迫を受けて弱体ぶりを露呈していたイランでは、

「日本の勝因は立憲体制を確立した結果である。立憲政治こそが日本の勝利の秘訣だ」

と受け止められ、一九〇五年に憲法制定・議会開設を求める「イラン立憲革命」という運動が起きて、一九〇六年十月に国民議会が召集され、十二月に憲法が発布された。

そしてイランの雑誌『ハブラル・マタン』は、一九一二年八月、

「日本は全アジアに立憲思想を普及させた。日本の立憲政体に倣った最初の帝国はイランであり、次がトルコであり、最後は清国だった。この三帝国は終始ロシアの圧迫や威嚇を受け、専制君主国であるロシアに配慮して立憲は不可能だった。それゆえ日本は全アジアを解放した神であり、アジアの真の仁者である」

という論説を掲載した。

いささか面映ゆい気がしないでもないが、公議政体の確立に奮闘した大隈とすれば、堂々と胸を張る気分だったであろう。

第五章　日露戦争後の財政再建という難題

政界の深海魚・大隈重信

前述のとおり大隈重信は味方が大ピンチに陥ったとき登板して一イニングを無失点に抑えて大事な勝利をものにしたリリーフ投手のような存在だったのだから、試合の全体の流れを観《み》れば、後始末の男大隈重信の偉大さが分かる。

大隈重信に金銭欲はなく、権力欲もないし、出世欲もない。しかし問題解決能力と仲間作り能力と自己顕示欲が人並み以上に強い。そういう意味で日本人離れした快男児だった。

普段は海底に棲《す》んで雌伏する深海魚のようにほとんど目立たず、研鑽努力を重ね勉学・思索にふけり自身を磨いている。片隅で閑居していて何をしているのか常人にはさっぱり分からない。しかし世間は広いもので、わが国がいよいよ袋小路に入って危急を迎え立ち行かない危機に至るや、大隈の陰徳を見ていた者から何処からともなくお声がかかって檜舞台に登るよう促され、一気に浮上して快刀乱麻のごとく諸懸案を解決する。

そして平穏が訪れ常態になると、惜しまれつつ、静かに舞台から降りる。

第一次大隈内閣（～明治三十一年十一月）がわずか四カ月の短命で倒れて失脚し逼塞を余儀なくされた大隈重信（佐賀）は、十五年間という長いブランクののち、かつて政敵だった山県有朋や井上馨ら長州勢に担がれ、大正三年（一九一四年）に再び首相に就任し脚光を浴びる。

このときわが日本は絶体絶命の大ピンチに陥って、抜け出せなくなったからである。

それが日露戦争による財政破綻だった。

日露戦争による財政破綻――第一次桂内閣

前述のとおり第四次伊藤博文内閣が後継を長州出身の桂太郎内閣（明治三十四年六月〜）に譲って退陣したのち、伊藤は明治三十六年に枢密院議長に就任し、政友会総裁の座を西園寺公望に譲って自分の後継者とした。

以来、維新の元勲である藩閥指導者たちは第一線を退いて「元老」となり、天皇の最高政治顧問として後継首相の推薦・決定や重要国務に参画。それぞれが育てた後継者を表舞台へ送り出して世代交代を進めると共に、自身は元老として隠然たる勢力をふるうようになった。当時、元老は伊藤博文、山県有朋、黒田清隆、井上馨、松方正義、大山巌、西郷従道の七名。伊藤博文とならんで双璧ともいうべき山県有朋は、藩閥・陸軍・内務省・貴族院・枢密院などに山県閥を張り巡らし、強い政治的影響力を保持していた。

第一次桂内閣（明治三十四年〜明治三十九年）を組閣した陸軍大将桂太郎（長州）は、山県有朋の腹心である。

桂太郎は明治三年にプロシア（いまのドイツ）へ留学して明治七年に帰国し陸軍大尉に任ぜられると、郷土の先輩である初代陸軍卿山県有朋を表敬訪問。山県が、

「自分が若い頃は、優秀な者はどんどん抜擢されたが、最近は陸軍制度が整備されたので、初任の者は大尉からのスタートとなった。君も役不足であろうが、我慢して、軍務に精励しても

桂太郎

らいたい」

と気の毒がると、陸軍大尉桂太郎は、どこまで本気か不明ながら、

「自分は一身を投げ打って軍務に尽くすのであって、地位・位階は、一切、眼中に有りませんッ！少尉からのスタートでも、結構でありますッ！」

みたいな可愛いことを言って、山県有朋の歓心をかい、山県有朋の知恵袋となった。

第一次桂内閣は藩閥・陸軍・内務省を基盤とする山県有朋の超然主義を継承し、「二流内閣」「緞帳内閣（山県有朋が蔭に隠れているという意味）」「小山県内閣」などと揶揄されながらも、日英同盟を締結し、日露戦争（明治三十七年〜）を開戦して、勝利に導いた。

しかし多額の戦費で財政が破綻したので、この課題を後継内閣に委ねて、日露戦争終結一年後の明治三十九年（一九〇六年）に退陣した。

富国強兵・殖産興業を掲げた明治政権は、発足当初から税収不足に悩まされた。

前述のとおり明治政府は地租改正を明治十二年（一八七九年）までに完了し、江戸時代の収穫高基準から地価基準へ変更し、物納を金納に改め、豊作・凶作に影響を受けない安定した税収構造を確保した。すなわち地租は江戸時代の年貢制度を地租へ改め近代化を図ったものであるけれども、租税収入は旧幕府時代の年貢と変わらない。

江戸時代は内戦も対外戦争もなく平和だったから、この租税収入で充分まかなえた。

しかし明治政権では西南戦争・日清戦争・日露戦争という内戦や対外戦争が続き、この戦費を年貢と同水準の地租でまかなうことは無理な話だった。江戸時代の年貢は内戦も対外戦争もない平和を前提とした徴税思想であり、地租も年貢と同水準の税収しか得られないのだから、地租に頼って西南戦争・日清戦争・日露戦争など戦時予算を組むことは不可能だったのである。

明治十三年の国税収入五五二六万円のうち、地租は約七十五%だった。

だから「戦費をどこから徴収するか」が、租税当局にとって大問題だった。

そこでピンチ・ヒッターとして「酒税」が登場した。この結果、日清戦争六年後で日露戦争四年前の明治三十三年、国税収入一億三三九三万円の構成は酒税が約四十%、地租は約三十五%。酒税が最大の徴収財源となった。日本国民は、

♪ お酒飲め飲め、〇〇（陸軍、被服廠、炭鉱など）の〇〇（兵隊、職工、鉱員など）さん。
飲んでクダ巻きゃ、なお可愛い　（歌名不詳　作詞者不詳）

♪ お酒呑むな　酒呑むなの御意見なれど　ヨイヨイ
酒呑みゃ　酒呑まずに居られるものですか　ダガネ

あなたも酒呑みの身になってみやしゃんせ　ヨイヨイ
ちっとやそっとの御意見なんぞで、酒止められましょうか
トコ　ねえさん　酒もってこい　（ヤットン節　作詞者不詳、補作詞野村俊夫）

と明るく飲みながら、せっせと「酒税」の納税に励んだ訳である。

余談だがアメリカでは大正八年（一九一九年）に「禁酒法」を制定したため、酒の密造・密売が横行。多額の資金が「闇の世界」に吸い込まれてマフィアを太らせた、とされる。日本の酒税が良かったのか？　アメリカの禁酒法が良かったのか？

最大の違いはアメリカは法律で酒を禁止したことであり、日本は「飲む、飲まないは個人の自由」とした点である。しかし何でもアメリカをまねたがる日本人のなかに、禁酒運動に取り組む勢力が出てきた。このときあちこちの講演に招かれ人気があった大隈重信は一日のうちに、禁酒団体の講演に出演して「酒の害悪」を説き、酒造業組合では「酒は百薬の長」などと酒の効用を述べて飲酒を勧め、はしごする融通無碍な態度をとった。

世間には、こういう大隈を愛する人と嫌う人がいる。

日露戦争には勝ったものの、賠償金を取れなかったので、財源《かね》が足りなかった。

日露戦争の戦費調達のため多額の国内債と外債を発行しているので、この償還も必要だ。外債償還のためには外貨を稼いで貿易収支を黒字にしなければならないが、貿易収支は明治二十

八年頃から大幅な入超が続いていた。だから外貨を稼ぐため、輸出産業を育成しなければならない。とにかく資金《かね》が要る。

日露戦争の戦死者八万八千余人の、遺族に対する弔慰金や生活支援も必要である。戦傷者三十八万余人に対する職業訓練費用も計上せねばならない。日露戦争が終結した明治三十八年は農民の出征や農耕馬の徴発により大飢饉となった。これを放置すれば社会不安が高まり犯罪が増加する。これらの対応のため「国民生活」への支援を行わねばならない。

帝政ロシアの軍事的重圧――日本陸軍の二十五個師団計画

大隈の偉大さは、後述のとおり、日本陸軍が苦しんだ帝政ロシアの脅威と、日本海軍が恐れたアメリカの「オレンジ計画」の脅威を軽減させて、軽武装を実現したことである。

日露陸戦の勝利は辛勝に過ぎず、ロシア野戦軍はなお余力を残していた。だから日本陸軍は、戦争終結後も引き続き、ロシア陸軍の軍事的重圧にさらされていた。

日露戦争はポーツマス条約で終結したが、ロシアは条約を守る国ではない。実際に四十年後の一九四五年八月、ソ連は第二次世界大戦で敗色濃い日本に、日ソ中立条約を破って宣戦布告。満州へ侵攻し、関東軍と日本人開拓民を蹂躙した。これについてスターリンは、「日露戦争の汚点を雪ぐ復讐戦＝第二次日露戦争だった」

と述べている。

日本陸軍が最も恐れたのは、このようにロシアが復讐戦を仕掛けてくることだった。

日露戦争に出征した上原勇作少将（第四軍参謀長）は、いつかロシアが仕掛けるであろう「復讐戦＝第二次日露戦争」に備える日本陸軍の戦備に深い不安を抱いていた。

ロシア陸軍は、日露戦争に負けたとはいえ、シベリアを勢力範囲として盤踞《ばんきょ》し、いつ対日復讐戦争を挑んでくるか知れない不気味な存在だった。その場合、ロシアが満州へ動員出来る兵力は「三十個師団」と想定された。

これに対し日本陸軍がロシア陸軍と同等以上の兵力を保有出来るなら何の心配もない。しかし日本の国力ではそれが無理であることは誰もが承知していた。だから日本陸軍は、「ロシア陸軍の動員予想兵力三十個師団に対し、八十三％相当の二十五個師団で防戦する」こととし、二割弱の足らざる部分は「日本陸軍の無形力」で補う、と決意した。

「無形力」とは何か？　日本陸軍の誰も、納得出来る回答を持っていなかった。ある者は「工夫力」と言い、ある者は「精神力」と言い、ある者は「天壌無窮の皇道」と言った。

「足りないのだから、何とか自分で工夫しろ！」

ということであって、何の実態も無かった。要するに、「世界最強のロシア陸軍三十個師団に対し、二十五個師団で戦う」ということである。「ここまで自制したのだから、二十五個師団は絶対に必須！」というのが、日本陸軍の主張であった。

アメリカの「オレンジ計画」を脅威とした日本海軍

日本海軍は、アメリカが太平洋制覇を果たすため日本の軍事征服を狙ってつくった「オレンジ計画」を恐れていた。オレンジ計画はセオドア・ルーズベルト海軍次官が、アメリカがハワイを併合する前年の明治三十年（一八九七年）に策定した。そののち日本が日露戦争（〜一九〇五年九月）に勝つと、アメリカは本腰を入れてオレンジ計画を強化し「一九〇六年（明治三十九年）版オレンジ計画」を策定。日本を征服する戦略原則について、

「アメリカは海戦により日本海軍を撃ち破って制海権を奪い、通商上の厳しい封鎖により、日本を窮乏と疲弊に追い込む。日本を打ちのめすまで戦いを止めない『無制限戦争』とし、日本人を徹底的に抹殺する『悲惨な結末』を迎えるまで手を緩めず、日本人に『徹底的ダメージ』を与えて屈服させる。アメリカは日本を『無条件降伏』へ追い込み、アメリカの意志を押し付け、アメリカに服従させる」

との固い決意を述べた。そして海軍増強に努めたセオドア・ルーズベルト大統領のもとで、アメリカ海軍は明治三十九年（一九〇六年）には戦艦三十三隻を擁するに至る。

セオドア・ルーズベルト

ルーズベルト大統領は翌明治四十年（一九〇七年）になると日本海軍との戦いを意識したが、アメリカ艦隊には太平洋巡航の経験がなかった。そこで日本との海戦に備えてアメリカ艦隊に太平洋を巡航させて外洋航海の訓練をさせることとし、大西洋に居た最新鋭戦艦十六隻・巡洋艦二隻・駆逐艦六隻・輸送船八隻からなる大艦隊に世界一周航海を行わせた。「アメリカ艦隊の太平洋巡航」である。

周航する全艦艇は熱帯地域での防暑のため船体を白く塗って「グレート・ホワイト・フリート（偉大なる白い艦隊）」と称し、明治四十年十二月十六日、東海岸のハンプトン・ローズ軍港を出航し、南アメリカ最南端のマゼラン海峡を経由し、太平洋を

グレート・ホワイト・フリート

渡って、明治四十一年（一九〇八年）十月、横浜港へ入った。これを見た日本人のすべてが、「グレート・ホワイト・フリートは日本への威嚇である」

と理解し、元老伊藤博文は、

「アメリカ艦隊の太平洋回航の如き、口実の何たるかを問わず、日本への示威行動たるは疑いなし」

と述べ、日本海軍は緊張感に包まれた。日本人がオレンジ計画の存在を実感したのは、この

ときである。アメリカ海軍は太平洋巡航の教訓から、大正二年（一九一三年）までにハワイを要塞化し、パナマ運河を大正三年（一九一四年）に完成させる。

そもそも日本海軍は幕府が創った。アメリカのペリー艦隊は軍事行動を排除しない砲艦外交で、嘉永六年（一八五三年）六月、「鎖国を墨守するなら武力攻撃する」と幕府に最後通牒を突き付けて恫喝した。だから幕府はアメリカを仮想敵国として海軍の創設に取り組み、十四年後の慶応三年（一八六七年）頃には「咸臨丸」「朝陽丸」「千代田型」「蟠龍丸」「富士山丸」「回天」「開陽」「甲鉄」の合計八艦、七九八一トン、搭載砲八十八門の軍艦をそろえた。この幕府海軍は、アメリカ東洋艦隊の約七割に相当する。しかし日本の経済力では対米七割の海軍力整備が財政的な限界で、幕府財政は海軍力整備のため破綻した。

一方、アメリカ海軍は、そののち猛烈なスピードで増強され、日本海軍との差を拡げた。明治十四年（一八八一年）に登場した第20代大統領ガーフィールド（共和党）が「NEW NAVY（新海軍）」を唱えて海軍の近代化と増強を進め、第25代大統領マッキンレー（共和党）のもとで明治三十一年（一八九八年）に「米西戦争」に勝ちフィリピンを領有した。

こののち第26代大統領セオドア・ルーズベルト（共和党）が戦艦十隻、装甲巡洋艦四隻その他十七隻に及ぶ大艦隊の建造計画をスタートさせたので、前述のとおり明治三十九年（一九〇六年）にはアメリカの戦艦保有数は三十三隻になった。当時の日本の戦艦保有数は十四隻だったので、日本の戦艦保有数は対米四・二割へ大幅に低下。日本海軍の「対米七割」の悲願は、アメリカ海軍の急激な増強により遠い彼方へ去った。さらに追打ちをかけるように明治四十一年（一九〇八年）十月、前述のグレート・ホワイト・フリートが横浜港へ入り威容を見せ付けた。

「対米七割」を悲願とする日本海軍は、艦隊増強の必要性を、改めて痛感したのである。

日本海軍の「八・八艦隊」整備計画

そこで日本海軍は戦艦八隻・巡洋艦八隻からなる「八・八艦隊」の建造を計画し、日本の戦艦保有数を明治三十九年（一九〇六年）の十四隻に八隻加えて二十二隻とし、アメリカの戦艦保有数三十三隻に対し対米六・七割を確保しようとした。

しかし日本海軍が何年後かに「八・八艦隊」の建造を達成したとしても、その間にアメリカ海軍も急速かつ大幅に増強されるだろうから、日本海軍が八・八艦隊を完成させても対米六・七割は実現しない筈である。さらに財政面の制約から「八・八艦隊の整備は困難」と見られていた。そうではあったが、日本海軍は八・八艦隊を必須とした。

「アメリカ海軍と対米七割の艦隊で戦う」という哀しい宿命を負わされた日本海軍にとって、「八・八艦隊は、最低限、譲れぬ一線！」だったのである。

山県有朋の「帝国国防方針」

前述のとおり日本陸軍は、対ロシア戦備上、「二十五個師団」を必須とした。日本海軍は、アメリカからの脅威に備えて、「八・八艦隊」を必須とした。

そこで枢密院議長山県有朋（陸軍元帥）は陸軍と海軍が予算争奪を巡って流血の抗争に至るのを避けるため、明治四十年（一九〇七年）に「帝国国防方針」を策定。陸軍と海軍の要望を併記し、陸軍と海軍がバラバラに進めてきた軍備計画を同じテーブルに載せた。

そもそも最初に日本に軍事的脅威を及ぼしたのは、幕府に最後通牒を突き付けたアメリカのペリー艦隊である。だから幕府は、わが国の国家主権を守るため、海軍を創建した。

こう考えると海洋国家・日本の国防は、海軍が主力となるべきである。これが幕府の「海主陸従論（＝小規模陸軍論）」であり、明治新政府も明治五年頃までは海主陸従論が主流だった。西郷隆盛ら薩摩士族は総人口一割未満の失業士族による少数精鋭の「士族の陸軍」を主張し、農民たちは、

「徴兵、懲役、一字の違い。腰にサーベル、鉄鎖（徴兵されることは監獄に入れられるのと同じで嫌だ、という意味）」

などといって徴兵されることを嫌った。だから多数決を採れば、西郷隆盛らの小規模陸軍論（＝海主陸従論）が国民的支持を得ただろう。

しかし長州藩奇兵隊を源流とする山県有朋ら長州グループは、農民を徴募する大規模陸軍

（＝陸主海従）を作って、小規模陸軍論（＝海主陸従論）を主張する西郷ら薩摩士族を西南戦争で破った。以来、日本陸軍は農民主体の大規模陸軍となり、長州勢が陸軍を支配するようになった。すなわち日本陸軍は倒幕を果たした長州藩奇兵隊を源流とし、西南戦争に勝ち、流血と腕力によって大規模陸軍（＝陸主海従）を確立。日露戦争でロシア陸軍の南侵を撃退し、こののちロシアからの「復讐戦＝第二次日露戦争」に備えている。

このように幕府海軍を源流とする日本海軍と長州藩奇兵隊を源流とする日本陸軍は、「わが国の国防は、『海主陸従』か？　『陸主海従』か？」との根本的対立をめぐる敵同士として発足。日露戦争後は、日本海軍はアメリカを仮想敵国とし、日本陸軍はロシアを仮想敵国として、互いに背を向け合う同床異夢。否《いな》、「別床異夢の他人同士」として、別々の方向を睨んでいた。この海軍と陸軍が、敵同士だった昔へ先祖返りして内乱やクーデターが起きては困る。だから元帥山県有朋は、陸軍と海軍が対立することなく国軍として相携え協働することを強く願って、陸軍と海軍の軍備計画を『帝国国防方針』という同じテーブルに載せたのである。

このように日本陸軍は「二十五個師団」を要求し、日本海軍は「八・八艦隊（戦艦八隻・巡洋艦八隻）」を要求している。「国民生活」への支援も行わなければならない。

そこで国家予算の配分を巡って、「陸軍」と「海軍」と「国民生活」の間で軋轢が生じた。

日露戦争直後から始まったこの難問を、議会政治を通じて流血無く乗り切って解決したのが、これから述べる大隈重信という大正政局の叡智なのである。

第一次西園寺内閣の英米協調路線

第一次桂内閣が退陣すると、明治三十九年に発足した第一次西園寺公望内閣（外相加藤高明、陸相寺内正毅中将）は①日露戦争後の最重要課題である財政再建と、②イギリス、アメリカ、フランス、ロシアとの関係改善を最大の政治課題とした。西園寺公望は伊藤博文の後継者として政友会第二代総裁となった、伊藤の「秘蔵っ子」であり後継者である。

財政は破綻状態なのに、陸軍は「二十五個師団」を、海軍は「八・八艦隊」を要求。さらに西園寺首相の政治的基盤である政友会は、最高幹部の原敬が選挙地盤強化のため「我田引鉄」と呼ばれる利益誘導として鉄道建設・港湾整備など「地方開発予算」を要求。予算配分を巡って、陸軍と海軍と政友会の間で、三つ巴の対立が生じている。

こうした対立のなか第一次西園寺内閣は、外相加藤高明が中心となって、

「陸海軍の軍備拡張要求はもっともだが、財政状態が厳しいので、緩急を付ける必要がある。外交において、同盟国イギリスとの親交を深めるとともに、敵国同士が連携するのを阻害するよう努め、国防上の脅威を緩和させることにより、軍事予算の膨張を防ぐ」

との基本方針を定め、

一、陸軍を満州から撤兵させ、イギリスなど列強及び清国との外交摩擦を回避した。
二、日露戦争後にアメリカで燃え盛った黄禍論や排日運動を鎮静化させるため、アメリカへの新たな移民送出を自主規制する「日米紳士協定」を締結。交換条件として、アメリカに「日本の満州における一定の権利」を認めさせた。
三、ロシアの友好国フランスと明治四十年（一九〇七年）六月に「日仏協約」を結び、日本が日清・日露戦争で得た「南満州・韓国・台湾における権利」を認めさせた。
こうして外堀を埋めたあとロシアと交渉し、明治四十年七月に日露協約を締結。ロシアに、「日本の満州における一定の権利」と「韓国に対する日本の優越権」を認めさせた。

外相加藤高明は、英米と協調する軽武装路線による財政健全化を目指したのである。

外相加藤高明

外相加藤高明は安政七年（一八六〇年）に尾張藩下級藩士の家に生まれ、明治十四年（一八八一年）に東京大学法学部を首席で卒業すると、岩崎弥太郎の勧誘を受けて三菱に入社。神戸・小樽・大阪で実務に携わった後、明治十六年、社命にてイギリスへ渡り、親日家の豪商ボースの事務所で海運業の実務修業をし、イギリス社会への理解を深め、英国紳士的素養を習得。岩崎弥太郎死去の報を受けて帰国後、三菱本社副支配人になり、明治十九年（一八八六）に岩崎弥太郎の長女・春路と結婚。翌明治二十年に三菱を辞し、英国事情に詳しい人材を求めていた外務省へ入省。外務省政務課長等を経て、大蔵省主税局長、外務省政務局長、駐英公使等を歴任した親英派の能吏だった。のちに第二十四代総理大臣になり「憲政の常道（二大政党により政権交代を行うこと）」を確立して大正デモクラシーを開花させる傑物である。

第一次西園寺内閣は協調外交で国防上の脅威を緩和したうえ、明治四十年九月、陸軍の師団目標二十五個師団で現状十七個師団のところ新たに二個師団（岡山・久留米）を増設して十九個師団体制とし陸軍を満足させた。しかしここまで成し遂げるのが精一杯だった。

第一次西園寺内閣はフランス流の自由主義的施策をとり日本社会党（片山潜、幸徳秋水など）の結社を認可（明治三十九年二月）したが、元老山県有朋が「西園寺内閣は社会主義者への取り締まりが不充分」と不満を表明。

明治四十年以降の不況で財政困難は一層深刻化し、財政再建の筋道は見えず。財政再建を求める元老松方正義（薩摩）、同井上馨（長州）の支持も失い明治四十一年に退陣した。

疑似的な二大政党制としての桂園時代

第一次桂太郎内閣と第一次西園寺公望内閣から始まり桂と西園寺が交互に内閣を組織した

「桂園時代」は、巧妙な統治システムだった。

桂太郎は、元老山県有朋の腹心＝知恵袋であり、山県有朋の後継者である。西園寺公望は、元老伊藤博文の秘蔵っ子であり、伊藤博文の後継者である。だから桂園時代とは、山県有朋が藩閥・陸軍・内務省を支配し、伊藤博文は政友会を根城に議会を支配し、「振り子」を左右に振って政権をタライ回ししたものである。この政治システムは、内閣は行政成果を挙げなければ退陣して国民の不満を解消させただけでなく、

一、「一内閣は一仕事を完遂する原則」を確立したこと。

二、国民に「政権交代」があることを教え、「大正デモクラシーの予行演習」として、「政権交代の先駆的形態」を、実際に目に見える形で、国民の前に提示した。

という現代に通じる国民的意義を残した、といえる。

一方、第一次大隈内閣（～明治三十一年）が倒れて失脚し政治から引退した大隈重信は、以来、政治と無縁の在野活動にいそしみ、明治四十年に早稲田大学総長に就任したほか、明治四十一年（一九〇八）四月三日に大日本文明協会を設立して会長となり欧米の政治・経済・法律・文学・教育など諸文献の翻訳を行うなど文化事業に精力的に取り組んだ。

明治四十一年十一月三日には米国バプテスト教会（プロテスタント）の宣教師ベニンホフに依頼し、キリスト教主義の学生寮「友愛学舎」（現在は早稲田奉仕園）を開いた。

また明治四十一年十一月二十二日に米大リーグ選抜チームVS早稲田大学野球部の国際親善試合が戸塚球場で行われ、このとき大隈重信が始球式を行ったことが日本野球史上で最初とされる。大隈重信が一番打者で早稲田大学主将だった山脇正治に投げた投球はストライクゾーンから大きくはずれたボール球だったが、山脇は、

「早稲田大学創設者にして総長である大隈の投球をボール球にしては失礼になる」

と考え、わざと空振りをした。これ以降、一番打者は始球式の投球を空振りすることが慣例となった、とされる。

各種の文化事業に引っ張り出された大隈は明治四十三年七月五日には南極探検を目指す白瀬《しらせ》矗《のぶ》中尉の後援会長に就任し、資金調達に東奔西走した。このほか国書刊行会総裁、文芸協会会長、日印（インド）協会会長、日蘭（オランダ）協会会長、日星（星とは星条旗＝アメリカのこと）協会名誉総裁、日本自動車倶楽部会長、帝国飛行協会会長、大日本平和協会会長などを兼務・歴任した。

早稲田大学の卒業生が全国各地に散らばり便宜をはかってくれるので、大隈は各地を巡遊して様々な式典や演説会・講演会の場で活発な演説や講演を行ったりした。

そもそもリリーフ投手は辛い立場にある。いつ登板するか分からないからベンチに控えて準備を備え万全の体調を維持せねばならない。先発投手が好投し完封すれば自分の出番はない。こういう地味な役目を立派にこなし、後に喝采を浴びるのが大隈重信である。

第二次桂内閣の財政再建努力

第一次西園寺内閣が財政再建に失敗して退陣すると、明治四十一年、陸軍大将桂太郎による第二次桂内閣（〜明治四十四年）が発足。懸案の財政再建に全力で取り組み、緊縮財政（財政支出を絞り込むこと）を推進。「戊申詔書」を発布し、「上下心を一にし、忠実業に服し、勤倹産を治め、華を去り、実に就き、荒怠を戒め」とし、勤勉と節約による国民精神運動で労使対立・農村共同体崩壊・消費支出増大などの社会的病理現象を乗り切ろうとした。

さらに日本経済が農村経済から都市型経済へ移行していることに対応して徴税の都市化を推進。明治四十三年の租税収入三億一七二九万円の構成比は所得税・営業税・関税・砂糖消費税・織物消費税など都市型課税が四十四％、酒税二十六％、地租二十四％となった。「地租」や「酒税」に頼る農村型課税から、都市型課税への転換に成功したのである。

こうしたなか海相斎藤実中将が、明治四十三年、八・八艦隊を整備するため、「軍艦建造費用総額五億八千万円を計上するよう」強く要求した。明治四十三年租税収入は三億一七二九万円である。これに対して軍艦建造費用総額五億八千万円は、いくらなんでも巨額過ぎる。

しかし陸軍大将兼首相桂太郎は、海相斎藤実の巨額な予算要求に一応の理解を示し、

「総額五億八千万円のうち、八千二百万円を予算化し、六カ年にわたり継続支出する」との妥協案を示して、斎藤実海相を納得させた。ただしこの海軍予算は、第二次桂内閣が明治四十四年八月に退陣したため、後継の第二次西園寺内閣に引き継がれる。

第二次桂内閣の懸命の努力にもかかわらず経済は不況から脱却出来ず、財政赤字は改善せず、国民の生活は苦しく社会不安が増大した。こうした生活苦を石川啄木は明治四十三年、「働けど働けどなお、わが暮らし、楽にならざり。じっと手を見る」(『一握の砂』)と詠《うた》った。

暗い世相のなか明治四十三年五月に「大逆事件」が起きた。郷里の土佐にいた幸徳秋水は和歌山県在住の同志大石誠之助から爆弾製造法を学んで明治四十一年八月に上京し、宮下太吉、菅野スガらと相議。宮下太吉が爆裂弾を製造し明治四十二年十一月に長野県の山中で実験し成功したが村人の通報により逮捕され、関係者十二名が死刑に処せられた。

社会の底辺に沈殿する不満を痛感した第二次桂内閣は、「藩閥・陸軍・内務省に基盤を置く山県流の『超然主義』では、事態に対応出来ない」と悟り政党政治の重要性を痛感。明治四十四年一月、情意投合と称して政友会に接近。さらに一般労働者の労働条件を改善すべく、明治四十四年三月、わが国における最初の労働者保護立法である工場法を公布し、底辺労働者の賃金向上・福利厚生向上を促した。

しかし日露戦争後の最大課題である財政再建は一向に進まず。第二次桂内閣は明治四十四年八月に退陣。桂太郎は、翌年八月、天皇を補佐する内大臣に転じ、宮中へ入る。

二年前にもどるが第二次桂太郎内閣が発足して二年目の明治四十二年十月二十六日、元老伊藤博文が満州のハルビン駅で、韓国人安重根にピストルで撃たれ死去した。

国際感覚ゆたかな伊藤博文が暗殺されたことは痛恨の出来事だった。

かつて伊藤博文は築地にあった大隈邸に集い青臭い議論をしていたが、その後めきめきと実力をつけ、「明治十四年の政変」のときは大隈と厳しく対立するまでに成長した。

碁に碁仇がいるように、相撲に相手がいるように、言論に論敵がいるように、議会に野党があるように、碁仇・相手・論敵・野党がいなければ、碁も相撲も言論も政治も成り立たない。碁仇がいないなら、詰め碁しかできない。相撲に相手がいないなら、一人相撲しかできない。政治に野党がいなければ大政翼賛会になって、議会主義は死滅する。

だから大隈重信は、かつて熾烈に戦ったライバル伊藤博文の暗殺を知ると、

「伊藤君は、なんと華々しい死に方をしたものか。無念ではあろうが、本望だっただろう」

と慨嘆して、その死を悼んだのである。

元老のなかでは、明治中期以降、伊藤博文と山県有朋が双璧だった。

伊藤博文は立憲制度を確立して議会政治への道を開いた国際感覚豊かな文治派で、山県有朋

は陸軍・内務省・警察を基盤とする武断派。両者はヤジロベエのようにバランスを取っていたが、両者の力関係は伊藤博文が山県有朋を凌いでいたから、どちらかといえば国際協調を重視した議会政治に基づく政治・外交が行われていた。

しかし伊藤博文が死去して、山県有朋が権力の一切を握るようになると、わが国の政治は議会政治を否定した武断派的な政策を指向するようになっていく。

第二次西園寺内閣は二個師団増設問題で総辞職

第二次桂内閣が退陣した後を継いだ第二次西園寺内閣（明治四十四年八月～）は、「二個師団増設問題」により総辞職する。

このころ日露戦争後の最大の政治課題である財政再建は、まったく進んでいなかった。明治四十四年度は貿易の輸入超過額八千七百万円、外債の元利償還額七千九百万円に達し、日銀の「手持ち正貨」は底をつき兌換停止が危惧されていた。元老松方正義、同井上馨は引き続き財政再建を強く要求し、勃興する実業家も行政・財政整理と減税を要求。商業会議所（のちに商工会議所）は「軍備費は非生産的である」と、軍備費の構成比が高い予算構造を批判した。

そこで第二次西園寺内閣の蔵相山本達雄は行政・財政整理に注力し、大正元年度予算編成で、新規事業をすべて却下する「緊縮財政」を堅持しようとした。

しかるに与党政友会最高幹部の原敬内相兼鉄道院総裁が「選挙地盤強化のための鉄道・港湾予算」をゴリ押しして認めさせ、大正元年度予算は編成を終えた。

二回目の予算編成である大正二年度予算編成に際し、閣議は「各省とも経常歳出を一割以上削減する」よう申し合わせ、政友会内部で一段と勢威を強めた原敬内相は「陸軍の二個師団増設予算要求（総額三三八九万円を六カ年計画）」を門前払いした。

しかるに海軍予算は、海相斎藤実大将（大将昇任は大正元年）の要求が認められ、「戦艦三隻建造費用九千万円を予算化し、五カ年計画として、初年度分六百万円」が計上された。

すなわち財政は破綻状態なのに、政友会は「鉄道・港湾等地方開発予算」を、海軍は「八・八艦隊」を、陸軍は「二十五個師団」を要求し、三つ巴の抗争となっているなか、政友会と海軍が結託して陸軍を排除したのである。だから陸軍は、

「第二次西園寺内閣は、①政友会の『鉄道・港湾など地方開発予算』を付け、②海軍と組んで海軍の『軍艦建造予算』も計上し、③『陸軍予算』を狙い撃ちして却下するのか！」

と激怒した。

勃興する実業家らは政友会を支持して原敬の「鉄道・港湾予算要求」に同調し、「鉄道敷設により貨物輸送の便を図り、港湾整備により内航海運の育成を図るべし。産業基盤である鉄道・港湾などインフラ整備を促進すべき」

と主張。さらに海軍を支持し、軍艦建造の経済波及効果を期待した。

あらゆる産業のなかで産業連関効果（経済効果が諸産業に波及すること）が最も高いのは、造船業など機械産業である。軍艦建造は鋼材・鋼板・エンジン・ラジエーター・スクリュー・操舵輪・舵・主砲・副砲・距離測定機・魚雷発射装置・探照灯等電気装置・錨巻上機など広範囲の部品を必要とするからである。軍艦建造で得た造船技術ノウハウを民間移転して一般商船を建造すれば、三菱長崎造船所（明治二十年創業）や日本郵船（明治十八年設立）などが隆盛をみて、わが国は造船業・海運業において世界に雄飛出来るだろう。

現下の経済状況は①不況、②失業増・低賃金・社会不安、③財政赤字、④外債の償還困難、⑤貿易赤字・外貨不足の五重苦に苦しんでいるが、鉄道・港湾など産業基盤のインフラ整備を図り、軍艦建造という造船業を振興すれば、産業連関効果が発揮されて産業振興・貿易立国への道が開け、国民生活も向上し、外貨を稼げて外債償還も進み、税収増によって財政再建が可能となり、五重苦は一気に解決する筈だ。

陸軍の師団増設予算の大半は人件費だから、酒でも飲んで消え失せるだけだ。

勃興する実業家らは、こういう考え方から、政友会と海軍の連携を支持した。

陸軍省軍務局長田中義一は、陸軍が政友会と海軍に包囲された動きを鋭敏に嗅ぎ取り、

「西園寺内閣を倒してでも、二個師団増設を実現する」

と激怒し、息まいた。

ここには海軍と陸軍の根深い対立が反映している。

どこの国でも海軍は、軍艦が主役の資本集約型軍隊なので、「金食い虫」である。

アメリカでもアメリカ陸軍は「海軍予算が軍備費の七十五％に及んでいる」と憤慨した。

アメリカ陸軍のアメリカ海軍に対する不満と同様、日本陸軍も日本海軍に不満を持った。

前述のとおり日本海軍の源流は幕府海軍で、日本陸軍の源流は長州藩奇兵隊であり、もともと敵同士として発足。以来、「海主陸従か、陸主海従か」の対立を抱えている。

最初にわが国に軍事的脅威を及ぼしたのは砲艦外交を仕掛けたペリー艦隊で、そののちアメリカは「オレンジ計画」を推進しているのだから、海洋国家日本の国防は海軍が主力となるべきである。これが徳川幕府や西郷隆盛の海主陸従論（＝小規模陸軍論）だった。

これに対して山県有朋は長州藩奇兵隊という大規模陸軍を率いて討幕を果たし、西南戦争で西郷隆盛を滅ぼし、腕力によって「陸主海従」を確立し、いま元老の地位にある。

海相斎藤実大将と政友会最高幹部の原敬内相が、この高度で微妙な政治問題に手を突っ込んだのだから、問題はますますこじれた。

二個師団増設問題を巡って陸軍と第二次西園寺内閣の軋轢が明らかになると、商業会議所や政友会が「陸軍は横暴！」「師団増設反対！」と騒ぎ出した。

こうしたなか上原勇作陸相（日露戦争のとき第四軍参謀長。あだなは雷）が大正元年十一月二十二日の閣議に二個師団増設案を正式に提出したが、西園寺首相は政友会最高幹部の原敬内相の意を受けて拒絶した。すると面子を潰され激怒した上原陸相は、大正天皇に、

「これは国防を無視するもので、自分は閣内に止まることは出来ない！」

と上奏し、辞表を提出したのである。前述のとおり陸海軍大臣は現役の大将・中将に限る軍部大臣現役武官制が定められており、元老山県有朋は後任の陸相を推薦しなかった。

こうして第二次西園寺内閣は、大正元年十二月五日、総辞職となった。

二個師団増設問題とは、議会の絶対多数を占めた政友会と実業家の支援を受けた海軍が結託して鼻息荒く、陸軍の要求を突っぱねたものなのだ。

第三次桂内閣は第一次護憲運動により倒れる

第二次西園寺内閣が総辞職すると、政友会や他の政党や新聞社が全国で「師団増設反対」の時局懇談会や演説会・市民大会・県民大会などを開催して気勢をあげた。

内閣総辞職九日後の大正元年十二月十四日には時局対策有志懇談会が築地精養軒で開かれ、政友会の尾崎行雄、国民党（進歩党の後身）の犬養毅らが出席して憲政擁護会を発足。十二月十九日には第一回憲政擁護大会が東京の歌舞伎座で開かれ満席となった。

元老会議は後継首相の人選に苦慮し、内大臣に転じていた桂太郎の三度目の登板となり、十

二月二十一日、陸軍・藩閥・官僚勢力を背景とした第三次桂内閣が成立する。このとき、「宮中（桂太郎が内大臣だったこと）から、府中（行政府）へ出るのは、望ましくない」との意見があったので、桂太郎は首班指名にあたり、大正天皇の勅語を受けた。

桂太郎は組閣に先立ち、難局を打開するため、

一、「二個師団増設問題」を、一旦、取り下げる。

二、「海軍の軍艦建造予算」を、一旦、延期する。

三、新たに国防会議を設け、「二個師団増設問題」と「軍艦建造予算」を再調整する。

との妥協案を示した。妥当な解決策である。

しかし海軍は軍艦建造予算延期に反発。海相斎藤実が留任を拒否し倒閣運動に走った。困惑した元老会議は大正天皇に依頼して、斎藤実海軍大将に海相留任を求める「勅語」を出してもらって、大正元年十二月二十一日、第三次桂内閣はようやく組閣を完了させた。大正天皇は、海軍予算の満額獲得を要求して倒閣に走った海軍を厳しく戒め、海相斎藤実に留任を求める勅語を下して、内閣を発足させたのである。

しかし桂太郎の首班指名と斎藤実の海相留任にあたり大正天皇の勅語を得て組閣を完了させた、勅語を多用する姿勢に対し、

「天皇を政略に利用する非立憲的行為である。陸軍・藩閥・元老は横暴だ」

と非難する声が一段と高まり、商業会議所や新聞記者や政友会などは閥族打破・憲政擁護を唱え、憲政擁護運動（第一次護憲運動）の気勢を上げた。彼らは護憲派と呼ばれた。

大正元年十二月二十七日に議会が自然休会に入ると、尾崎行雄（政友会）、犬養毅（国民党）らが憲政擁護連合会を結成し、発足したばかりの第三次桂内閣に退陣を要求。閥族打破・憲政擁護のうねりは全国へ拡散した。

桂太郎首相はこれに対抗すべく国民党の切り崩しを進め、さらに自分自身の政党を作るべく大正二年（一九一三年）一月二十日に「立憲同志会（当時は党名未定。のちに立憲民政党になり、立憲政友会と覇を競って二大政党制をになう）」の結成に着手。桂太郎直系の高級官僚だった加藤高明、若槻礼次郎、後藤新平や、国民党から引き抜いた河野広中らを中核として九十三議席となったが、衆議院の少数会派にとどまった。

議会は、野党の政友会と国民党が圧倒的多数の二三四議席を占めていた。

そして多数野党の政友会と国民党は、大正二年二月五日から再開された議会の冒頭に内閣不信任決議案を上程。政友会の尾崎行雄が提案理由説明に立ち、

「彼ら（桂太郎首相のこと）は忠愛を唱え、忠君愛国は自分の専売のごとく唱えておりまするが、その為す所を見れば、玉座《ぎょくざ》（天皇のこと）の蔭に隠れて政敵を狙撃するが如き挙動を執《と》っているのである。彼等は玉座を以て胸壁《きょうへき》と為《な》し、詔勅を以て弾丸に代えて、政敵を倒さんとするものではないか！」

と桂太郎首相を厳しく追及した。

議会は二月九日まで五日間の停会となり、二月十日に再開されることとなった。

議会再開の二月十日朝。護憲派の群衆は上野公園・神田・日比谷公園などで各種集会を開き、読売新聞社・報知新聞社・国民新聞社・やまと新聞社などを襲い、ガラス戸を破り、内部へ侵入して喊声をあげ、交番八十六カ所を破壊。電車二十六台を焼打ちし、死傷者五十三人となった。護憲派は胸に白バラを付けた議員を先頭に群衆が続き、警察官五千人が警備する第一警戒線を突破し、国会議事堂へ迫って行った。

これをみた桂太郎首相は、

「議会を解散すると、激昂した民衆は内乱を惹起するかもしれない」

と万策尽き、大正二年二月十一日に組閣以来わずか五十三日で総辞職した。これを「大正政変」という。桂太郎は八カ月後の大正二年十月十日に病死する。

海軍増強を推進した山本権兵衛内閣はシーメンス事件で倒れる

第三次桂内閣が総辞職した大正二年二月十一日、西園寺公望は政友会の実権を原敬に譲って新たな元老となり、後継首相に海軍大将山本権兵衛（薩摩）を指名。山本権兵衛内閣（内相原敬、海相斎藤実）は海軍増強のため、第三次桂内閣を倒した政友会を与党として大正二年二月二十日に発足する。

このとき政友会の尾崎行雄は、利権漁りに狂奔する政友会の無節操ぶりに反発して政友会を離党し、気骨ある仲間の代議士らと大正二年十二月二十四日に野党・中正会を作った。

山本権兵衛内閣は、大正二年末に策定した大正三年度予算案で海軍増強に力を注いだ。海軍予算の大枠は、前述のとおり第二次桂内閣の明治四十三年に軍艦建造費用総額五億八千万円が要求され第二次桂内閣は「とりあえず八千二百万円を予算化し六カ年にわたり継続支出」として斎藤実海相も納得。第二次西園寺内閣に引き継がれて「戦艦三隻建造費用九千万円を五カ年計画」とされ、さらに第三次桂内閣に引き継がれた筈である。

しかるに海相斎藤実は山本権兵衛の海軍内閣成立に力を得て決着済の話を蒸し返し、「軍艦建造費用総額五億八千万円の巨額要求」を再提出した。すると首相兼海軍大将山本権兵衛の裁定により、海軍予算は、「従前に認められた戦艦三隻のほか、新たに戦艦一隻・駆逐艦十六隻・潜水艇六隻の建造を認め、予算計上額を第二次西園寺内閣の九千万円から七十一％増額させて一億五千四百万円とし、大正八年度までの継続事業として計上」との大幅増額となり海軍は大喝采した。首相山本権兵衛は海軍大将であり、海軍予算に大甘だったのである。

陸軍の二個師団増設要求は、第二次西園寺内閣でも第三次桂内閣でも実らなかったが、山本権兵衛内閣でも原敬内相が門前払いした。

陸軍の総帥山県有朋は、こうした海軍偏重に、一段と不満を強めた。

そもそも前述のとおり日露戦争後の最大の政治課題は破綻した財政の再建であり、桂太郎と西園寺公望が交互に協力しながら取り組んできたのに、原敬に支配された政友会は海軍と結託して鉄道予算と軍艦建造予算を押し通し、破綻した財政を一層悪化させた。

原敬の政友会は、国を滅ぼしてまでも、利権漁りと党利党略に血道をあげたのである。

アメリカとの建艦競争は国家財政を悪化させるのみならず、アメリカと衝突しかねない。

この間、国民は重税に苦しみ、アメリカとの建艦競争を苦々しく見ていた。

こうしたなか海軍増強を推進した山本権兵衛内閣は軍艦購入をめぐる汚職事件で倒れる。「シーメンス事件」である。

これは海軍艦政本部長松本和中将らがシーメンス社（ドイツ）やヴィッカース社（イギリス）から戦艦「金剛」及び主要部品を購入するに際し、三井物産を経由するなどして収賄したことが大正三年一月に発覚し、大正三年五月の軍法会議で有罪になる事件である。

立憲同志会（九十三議席）・犬養毅の国民党（四十議席）・尾崎行雄の中正会（三十七議席）の野党三派連合は、シーメンス事件が騒がしくなった大正三年二月十日に内閣弾劾決議案を提出したが、与党政友会（二〇八議席）の壁は厚く賛成一六四・反対二〇五で否決された。

この日、日比谷公園での内閣糾弾国民大会に集まった群衆数万人が警官隊と衝突。政友会本部や政友会機関紙を発行する中央新聞社へ押し寄せ、各所で交番や電車に投石した。

これに対して政友会最高実力者の原敬内相は強硬かつ厳重な治安対策をとり、報道を弾圧。京橋区山下橋付近では警官がサーベルを抜いて東京日日新聞記者橋本繁の後頭部に斬り付け重傷。帝国通信社の記者も斬られた。二月十五日に東京朝日新聞の記者が取材のため内相原敬邸を訪れたところ、原敬内相が私的に雇っていた壮士十二、三人に袋叩きに殴打され入院。政友会最高実力者原敬の言論弾圧的暴力行為に対し、万朝報社長黒岩涙香はじめ新聞通信雑誌連合会代表が二月十六日、原敬内相に謝罪を要求したが、原敬内相は、

「東京日日新聞記者橋本繁の傷は、サーベルの鞘による傷だろう」

と強弁して、謝罪を拒否。強権的体質を露わにした。

シーメンス事件という海軍の汚職事件が野党立憲同志会など世論の反発を招くと、元老山県有朋が支配する貴族院が大型海軍予算を却下したため、山本権兵衛内閣は大正三年三月二十四日に総辞職した。

こうして政局は、いよいよ混迷の度を深めたのである。

第六章　第二次大隈重信内閣の功績

早稲田の火消しポンプ・大隈重信の再登場

政友会を与党として海軍増強を図った山本権兵衛（薩摩）がシーメンス事件で倒れると、政局の収拾は容易ならざるものとなった。

日露戦争後の最大の政治課題は破綻した財政の再建である。だから桂太郎と西園寺公望が交互に内閣を組織して財政再建に取り組んできた。しかるに原敬の政友会は桂太郎を、「山県直系の陸軍の利益代弁者であり、強権的な超然主義を標榜する長州藩閥の権化」と攻撃し桂太郎の財政再建努力を評価しないばかりか、自らは利権漁りと党利党略に血道をあげて鉄道予算と軍艦建造予算をゴリ押しし、破綻した国家財政を一段と悪化させた。

財政が破綻するなら、国家は滅んでしまう。これでは困る。

日露戦争による財政破綻という難問は、何ら解決されず放置されたままだったのだ。

元老山県有朋（長州）は藩閥・陸軍・内務省・貴族院・枢密院などに山県閥を張り巡らし、腹心の桂太郎に三回にわたり組閣させたが、第三次桂内閣は政友会の第一次護憲運動によりわずか五十三日で倒れてしまい、桂太郎は退陣八カ月後に憤死してしまった。

元老山県有朋の切り札だった桂太郎の退陣と憤死は、山県有朋の敗北だった。

山県は手駒を失い、山本権兵衛の後継首相に推すべき人物がいなくなったのである。

山県有朋の鬱屈を見て動いたのが、山県の盟友である元老井上薫（長州）だった。

健全財政主義者だった井上は、大隈を起用して放漫財政主義の政友会に大打撃を加えようと考え、大正三年（一九一四年）四月十日の元老会議で後継首相に大隈を推薦し、午後二時頃、山県の賛同を得た。井上馨は、同日夜八時頃、大隈を自邸に招いて政権担当を要請した。同席した望月小太郎（井上馨の私設秘書）は、これを次のように記録している。

井上　政友会を与党とした山本権兵衛内閣には、経済政策が無かった。だから財政においても国防においても不安がつきまとった。まず財政を健全なものにしたうえで、国防の充実を図るのでなければならない。

大隈　同感である。国防の規模は、外交から割り出すべきである。大蔵省と外務省と陸海軍と内閣が互いに連絡をとって財政の充実を図り、国防は財政と調和しなければならない。財政が破綻するなら「富国強兵」は「貧国弱兵」になってしまう。

井上　同意見だ。ぜひその方向でやってもらいたい。財政を度外視して利権漁りに狂奔する放漫財政主義の政友会の横暴は押さえなければならない。

大隈　利権漁りの政友会など、政権から切り離してしまえば、間もなく死滅する。

井上はこの前年、脳溢血で倒れ歩行もままならない不自由な身体だったが、大隈に、「要するに、政友会に大打撃を加えなければ、国家のためにならぬ」と、最後に凛然と言い放った。大隈は井上の気迫に圧倒された、という。

井上は翌大正四年（一九一五年）九月に病死するので、大隈推薦が最後の仕事となった。

かねてより「超然主義」を標榜した山県は、「議会主義」を推進する大隈を嫌っていた。

山県は西南戦争の軍功により年金七百四十円を与えられると、神田川に面する目白の高台を明治十一年に購入して別邸「椿山荘」（現在は結婚式場、ホテルなど）をつくった。こののち大隈が明治十七年に早稲田邸へ転居してくると、眼下に大隈邸を見下ろし、

「自分の嫌いなものは第一に社会主義。第二はあれだ」

と言って、眼下の大隈邸を顎で示した。これほど大隈を嫌った山県も、事ここに至って背に腹はかえられず、大隈の登場を許さざるを得なかったのである。

こうして大隈は隈板内閣（明治三十一年六月〜十一月）に次いで二度目の第二次大隈内閣を組織した。大隈は当時七十六歳。他の元老黒田清隆、伊藤博文、大山巌、西郷従道より年長の老体だったが、往年からの頭脳明晰は変わらず、早稲田大学総長の座にあった。

大隈重信は前述のとおり後始末の男である。普段は海底の深海魚のように静かに閑居しているのだが、わが日本がいよいよ袋小路に入って立ち行かなくなると、何処からともなくお声がかかって檜舞台に登り、快刀乱麻のごとく諸懸案を解決するのだ。

第二次大隈内閣は日露戦争以降にわが国が抱えた「財政再建問題」など諸々の難問を一気に解決する大正政治史上、最も卓抜した内閣の一つである。それだけでなく、日本の将来のため政治・経済・外交の面で新たな資産を積み上げて残す。

前述のとおり政友会は「選挙地盤強化のための鉄道・港湾予算」を要求し、海軍は「八・八艦隊の軍艦建造予算」を要求し、陸軍は「二十五個師団（現状十九師団）へ向けて二個師団増設」を要求し、混乱が収拾しない。一方、外交軍事面ではアメリカが「オレンジ計画」をブラッシュアップして、虎視眈々と日本の軍事侵略を狙っている。

しかるに肝心の国家財政は破綻状態である。

わが国は、どうやって財政再建を成し遂げつつ、これらの難問を解決したらよいのか。

老いてなお頭脳明晰だった大隈重信の、手品のような手腕を見ていこう。

前述のとおり山県有朋は長州藩奇兵隊を率いて倒幕を果たし西南戦争に勝って「陸主海従＝大規模陸軍」を確立したのち、海軍と陸軍が敵同士だった昔へ先祖返りして衝突することのないよう、陸軍と海軍の軍備計画を「帝国国防方針（明治四十年）」という同じテーブルに載せた。しかるに政友会の原敬（盛岡）が、こうした陸軍と海軍を巡る歴史的重みを無視して陸軍の「二個師団増設」を却下。陸軍の激怒をまねき、陸軍と海軍の間に深刻な亀裂が入った。そこで第三次桂内閣は、陸軍と海軍の間に生じた亀裂を解決するため、

「『二個師団増設』と『海軍の軍艦建造予算』を共に棚上げし、『国防会議』で再調整する」との妥協案を示したが、海軍は反発して海相斎藤実が留任拒否の姿勢を示し、政友会は憲政擁護運動の気勢をあげ、第三次桂内閣を組閣以来五十三日で倒した。

こののち政友会を与党とした山本権兵衛内閣は、政友会の「鉄道・港湾予算」と海軍の「巨額な軍艦建造予算」を予算計上し、陸軍の「二個師団増設」を却下した。政友会の剛腕により陸軍は一人負けとなり、山県有朋の地盤である陸軍は不満を深めている。

また健全財政主義者の元老井上馨は、破綻した財政の再建に執念を燃やしている。

かかる政治状況下で、元老山県有朋および元老井上馨の意を汲み、

一、議会で絶対多数を占める「政友会」の横暴を押さえて、政友会退治を果たし、

二、「海主陸従」となった予算を「陸軍・海軍の平等」へ戻して陸軍と海軍を宥和させ、

三、桂太郎が果たせなかった「少数政党＝立憲同志会（のちの立憲民政党）」を育成し、

さらに破綻した財政を再建することができる力量ある人物は、老齢ながら大隈重信しかいなかったのである。こうして大隈重信は、後始末の男として、深海から一気に浮上した。

このことについて長州閥の長老三浦梧楼は、

「民衆の大火事は、早稲田のポンプ（大隈のこと）でなければ消せない」

と語った。山県有朋・桂太郎など長州閥に反発する激しい国民感情をやわらげ、政友会を退治して事態を収拾することができるのは、民衆に人気のある大隈しかいない、と判断したのである。

第二次大隈内閣は、大正三年四月十六日、桂太郎（長州）が作りかけた小政党「立憲同志

会」を基盤として、副首相格の外相に立憲同志会総裁加藤高明を据え、蔵相若槻礼次郎、陸相岡市之助、海相八代六郎、農商務相大浦兼武の陣容で発足した。このうち陸相岡市之助は山県有朋直系の長州閥である。内相は大隈首相が兼務した。

第二次大隈内閣は少数与党を基盤としたが、人気は沸騰した。なんといっても首相の大隈重信が、かつてわが国初の政党内閣である第一次大隈重信内閣（隈板内閣）の首相を務め、いまは早稲田大学総長として博学多識。ジャーナリズムからの評判も良かった。

なお政友会は、大正三年六月十八日、名目的な総裁だった西園寺公望が総裁の座を原敬に譲って、原敬が名実ともに政友会の最高実力者となった。

第二次大隈内閣は政権発足から一カ月たった五月十四日、「政策綱領」を発表した。経済・財政政策に関するその骨子は、『報知新聞』一九一四年五月十五日夕刊によれば、「原敬の政友会が推進した鉄道建設・港湾整備・治水事業など借金や国債に頼る公共事業を減少させ、『行財政の整理』を行って営業税などを減税する。原敬ら政友会が推進した『大きな政府』では、日露戦争後の経済・財政状況は好転しなかった。むしろ公共事業削減・行財政整理による『小さな政府』によって、実業家たちが奮起して投資など経済活動を活発に行うよう仕向け、産業を奨励しその発達を図るべきだ。実業家たちが自発的に貿易を振興すれば、貿易は黒字に転じ、日露戦争で生じた膨大な外債を返せる」

という「小さな政府」を主張するものだった。

この大隈の発想は、前述のとおり大隈が進歩党の選挙地盤を固めるため明治二十九年に佐賀へ帰郷した頃から一貫したものだった。伊万里で実業家を相手に行った演説では、

「やがて日本はアメリカに劣らぬ経済大国になるだろう。伊万里にはすばらしい陶器がある。近郊では石炭を産出し良港もある。商業全般の活性化を図ることが急務である」

と主張。大隈は佐賀市内の実業家から招待された宴会では、

「佐賀人は士族根性をすて、水力・石炭を利用して発電し新事業を起こすべきであり、商業会議所や工業学校を作るべきだ」

と述べて奮起を促した。大隈の主張は、

「実業家が世界を視野に入れて創意工夫するなら、地域の発展可能性は多大である」

という壮大なる地域振興論だった。第二次大隈内閣はこの地域振興論を全国レベルへ広げて、日本振興論に格上げしたのである。

第二次大隈内閣が総選挙に勝利して二個師団増設案を可決

第二次大隈内閣は大正四年度予算案の前提として、陸軍が熱望する二個師団増設案を第三十五回帝国議会に提出した。しかし与党の立憲同志会は少数会派なので、大正三年十二月二十五日、二個師団増設案は圧倒的多数を占める野党政友会の反対で否決された。

すると大隈首相は、同日、躊躇なく衆議院を解散。第十二回衆議院総選挙は三カ月後の大正四年（一九一五年）三月二十五日に行われる。大隈首相は総選挙の必勝を期して、大正四年一月七日、選挙のベテランでやり手の農商務相大浦兼武を内相へ転じさせ（農商務相の後任は河野広中）、選挙実務にあたらせた。

総選挙にあたって大阪、東京、福島、滋賀、長野、北海道など全国各地に張り巡らされた早稲田大学交友会一万余人が絶大なる支援体制を組み、活発な選挙活動を行った。立憲同志会系の候補者三百人のうち早稲田出身者は約六十人とされる。大隈重信政経塾として創立した早稲田大学の校友会がその本領を発揮したのである。

大隈首相は選挙戦終盤の三月十六日、午前八時に列車で東京駅を出発。東海道本線を大阪へ、さらに北陸本線を金沢へ、ついで名古屋を経て十九日午前九時四十分に東京駅へ戻るまで、述べ四日間の遊説を行った。往年の論客大隈重信はなかなか雄弁で、列車が主要駅に停車すると駅での停車時間を利用して、列車の窓や展望車両のデッキに立って約二分間ほどの演説を行う「停車場演説」で人々を驚かせた。

遊説一日目は、沼津駅で早稲田大学交友会を中核とする大隈伯後援会ら一五〇〇余人が、浜松駅では一〇〇〇余人が出迎え、限られた停車時間内で短い演説をした。

二日目の十七日は、大阪の大阪ホテルで午後一時から大隈伯後援会と立憲同志会大阪支部が合同で主催した大隈招待会が開かれ一一〇〇余人が参集。ここで大隈は疲れも見せず約一時間四十分の演説を行った。さらに午後五時から同ホテルで官民合同首相歓迎会が行われ、大阪市長らも出席するなか一時間二十分におよぶ荘重なる演説を行った。ここで首相大隈は、政権発足一カ月後に発表した「政策綱領」を分かり易くかみ砕いて、

「今日の不景気は、政友会と原敬が『景気対策のため積極財政を進める』と『大きな政府』を唱えて鉄道・港湾などに予算を投じ、借金政策を継続した弊害が現れたのである。薬を飲みすぎて薬害にかかったのである。『小さな政府』にしなければ景気は回復しない」

との持論を述べて、聴衆の熱狂的な喝采を浴びた。こののち大隈は、銀水楼で早稲田大学公友会約一三〇人と交歓し、同夜九時四十分発の列車で金沢へ向かった。

また大隈重信は選挙演説をレコード盤に吹き込んで配る「蓄音機演説」という新戦術も駆使した。当時、蓄音機は富裕層が持つ珍しい器械だったので、興行的効果もあって評判をよび、二千枚作ったレコード盤五円（現在の約二万五千円）は飛ぶように売れた、という。

選挙は圧勝だった。少数与党だった「立憲同志会」は解散前九五議席から一五〇議席へ大幅増加。中正会三十六人、無所属団五十七人と合わせて与党二四三議席の安定多数を確保し、多数野党だった「政友会」は解散前一八四議席から一〇四議席へ大幅減少となった。

大隈はこうして政友会退治を果たし、元老井上馨の悲願を実現したのである。

安定多数を確保した第二次大隈内閣は「二個師団増設案」と「海軍の軍艦建造予算」を可決

成立させ、「政友会・海軍の連合」を打破し、「陸軍・海軍の連合」に組み替えた。

　実業家らの「産業基盤インフラ整備のため鉄道・港湾を建設すべき」との意見は傾聴に値するが、鉄道・港湾はある程度整備すれば充分である。需要のない所に鉄道・港湾を建設しても赤字鉄道・赤字港湾を増やすだけである。まして政友会原敬が主張する選挙対策としての「我田引鉄」という利益誘導の鉄道・港湾建設は、財政面から見て邪道である。

　なお実業家らが軍艦建造による経済波及効果を期待するのは、経済的合理性がある。前述のとおり軍艦建造は広範囲の部品を必要とし産業連関効果が高いから、軍艦建造で得た造船技術ノウハウを民間移転して一般商船を建造すれば、造船業・海運業は世界に雄飛して、わが国は日露戦争以降の慢性不況から脱却出来るだろう。

　一方、陸軍の「二個師団増設」に、経済的プラス効果はほとんどない。

　しかし明治政権は長州藩奇兵隊を源流とする「農民を主力とする大規模陸軍」によって成立し、流血と腕力により陸主海従＝大規模陸軍の権力構造を確立した。この歴史的重みは無視出来ない。陸軍は、なんといっても国内最大の武装勢力である。陸軍が「海軍重視・陸軍軽視」に激怒してクーデターや内乱が起きれば、せっかく積み上げて来た政党政治は死滅する。のちの二・二六事件（昭和十一年）は、「海軍重視・陸軍軽視」に対する陸軍の不満が底流にあった。陸軍を激怒させることは、政党政治にとって危険なことである。

　第二次大隈内閣は、こうした高度な政治判断から、「二個師団増設」を認めた。

第二次大隈内閣が「政友会・海軍の連合」から「陸軍・海軍の連合」に組み替えたのには、相応の事由が認められるのである。

だからといって第二次大隈内閣は、陸軍を甘やかした訳ではない。

第二次大隈内閣は「統帥権」を内閣へ取り込んだ

第二次大隈内閣は、「統帥権」を内閣へ取り込む卓抜した手腕を発揮したのである。

ここで太平洋戦争敗戦につながる統帥権という難問について、説明しておこう。

そもそも明治政権は「広ク会議ヲ興シ万機公論ニ決スヘシ」との「五箇条の御誓文」から始まり、明治天皇が「大日本帝国憲法」を欽定憲法として下賜したのだから、大日本帝国憲法は「五箇条の御誓文」という土台の上に乗っているのであり、「万機公論ニ決シタ」衆議の結果を天皇が裁可する「立憲君主制」を定めたものである。従って開戦・終戦・軍拡・軍縮など「広義の統帥権」も、当然、内閣に委ねられている。このことは明治・大正の政治指導者にとって、自明の理であった。

ちなみに西南戦争は太政大臣三条実美が軍隊指揮権を持つシビリアン・コントロールによって行われたし、日清戦争開戦（明治二十七年）は伊藤博文首相、陸奥宗光外相らの合議により決められ、日露戦争の開戦（明治三十七年）も元老伊藤博文・首相桂太郎・陸相寺内正毅中将・海相山本権兵衛中将らの合議によって決定された。

伊藤博文は内閣制度を創設（明治十八年）して初代総理大臣になり、大日本帝国憲法（明治二十二年）を策定し、国会を開設（明治二十三年）し、日清戦争（明治二十七年〜）・日露戦争（明治三十七年〜）の開戦・終戦をみずからの責任において決定し、

「統帥権は内閣が保持する」

ことを身をもって実践し、「慣習法」として定着させた。

日清・日露両戦役は、内閣が統帥権を保持していたから勝てたともいえるのである。

さらに東京帝国大学教授美濃部達吉博士は、明治四十五年に著した『憲法講話』で、

「天皇は立憲君主であり、開戦・終戦・軍拡・軍縮など『広義の統帥権』は内閣に存する」

との大日本帝国憲法の趣意を天皇機関説として取りまとめ、天皇機関説は大正時代から昭和初期まで学界・政界・官界に広く受け入れられていた。

しかるに浜口雄幸首相（民政党）が昭和五年四月二十二日にロンドン海軍軍縮条約を調印すると、野党政友会の総務鳩山一郎が条約調印翌日の四月二十三日から始まった第五十八議会で統帥権干犯論《とうすいけんかんぱんろん》を唱えて条約批准に猛反対し、

「海軍軍令部が反対する軍縮条約の調印は、天皇の統帥大権を犯す統帥権干犯である」

と主張して激しく攻撃。浜口雄幸首相は昭和五年十一月十四日、統帥権干犯論に触発された右翼青年佐郷屋留雄に銃撃されて重傷をおい、闘病の末、死亡する。

こののち昭和十年に貴族院議員菊地武夫が貴族院で美濃部達吉博士の天皇機関説を攻撃した

ので、美濃部博士は貴族院議員を辞任し、翌昭和十一年、右翼の暴漢に襲われ重傷。

政友会鳩山一郎・貴族院議員菊地武夫らは、

「明治・大正期を通じて内閣が保持していた統帥権を昭和期に入ってから天皇へ移す」

という世界の潮流に逆行する動きをし、統帥権干犯論はテロリズムと呼応してわが日本を太平洋戦争への暗い道へ導くのである。

諸外国の例を見ると、ドイツ帝国と帝政ロシアは皇帝が統帥権を保持。

共和制のフランスとアメリカは、当然ながら議会が統帥権を保持した。

日本と同じ立憲君主制のイギリスは、明治五年（一八七二年）、グラッドストン内閣のもとで、統帥権は国王から議会へ平和裏に移管した。

このように世界の潮流は、統帥権は皇帝・国王から内閣・議会へ移管する方向にあった。


こうした狭間にあって第二次大隈内閣は、統帥権を内閣に取り込む卓抜した手腕を発揮した。

第二次大隈内閣は「国防の充実」と「行政・財政整理」を政策の柱とし、国防問題を論じるため「防務会議」を設置して、統帥権を内閣に取り込んだのである。本来なら「国防会議」とすべきところ防務会議という名称になったのは、陸相岡市之助（長州）が、

「内閣が国防を論じることは、大日本帝国憲法が定める『統帥権の干犯』にあたる」

とグズったからである。陸相岡市之助（長州）は山県有朋直系の子分だったが、大隈重信は

国防会議を防務会議と改称して岡市之助を手なづけて丸め込んでしまい、国防問題を内閣に取り込んだのである。名を捨てて実を取ったのだ。

これまで陸軍と海軍の予算獲得抗争が歴代内閣を悩ませてきたが、大隈重信は国防問題を内閣の外交・財政の基本政策として内閣に取り込み、「国防問題と統帥権」を防務会議に取り込んで内閣主導とする仕組みをつくったのである。

前述のとおり元老会議で大隈を後継首相に推薦した健全財政主義者の元老井上馨が大隈を自邸へ招いて政権担当を要請したとき、大隈は自身の経綸を、

「国防の規模は、外交から割り出すべきである。大蔵省と外務省と陸海軍と内閣が互いに連絡をとって財政の充実を図り、国防は財政と調和しなければならない」。

と述べている。防務会議はこのときの大隈の経綸を実現したものなのである。

防務会議は大隈首相が議長となり外相加藤高明、蔵相若槻礼次郎、陸相岡市之助、海相八代六郎、陸軍参謀総長、海軍軍令部長、内閣書記官長により構成され、大正三年七月から十月にかけて計六回開かれた。防務会議で陸軍が「二個師団増設」を要求し、海軍が八・八艦隊を少し譲って「八・四艦隊（戦艦八隻・巡洋艦四隻）」を要求すると、大隈首相は陸軍の「二個師団増設」も海軍の「八・四艦隊」も認めた。大隈首相は陸軍と海軍の軍備予算を認める代わりに、統帥権を内閣が主宰する防務会議に取り込んだのだ。

こうして首相大隈重信は、

「国防問題は内閣が主宰する防務会議で協議されるという仕組み」を確立して統帥権を内閣に取り込んだ。これは戦後になって復活し、昭和三十一年に内閣が主宰する国防会議（昭和六十一年以降は安全保障会議）が設置され、今日、国防問題はここで論じられている。

日本海軍の完成

日本海軍は日露戦争のとき戦艦六隻、巡洋艦八隻を基幹とし、駆逐艦・水雷艇など補助艦艇を活用して戦った。戦艦・巡洋艦十四隻はいずれも輸入品で、駆逐艦・水雷艇などはすべて国産だった。軍艦建造能力のある造船所は横須賀海軍工廠・呉海軍工廠と民間の三菱長崎造船所・川崎神戸造船所に限られていたので、海軍は軍艦建造能力のある民間造船所の育成に努めていた。当時、巡洋艦と戦艦の国産化が日本海軍の悲願だったのだ。

日露戦争が終わると日本海軍は巡洋艦と戦艦の国産に着手し、横須賀海軍工廠・呉海軍工廠が巡洋艦「筑波」を明治四十年に、同「生駒」を明治四十一年に、同「鞍馬」を明治四十四年に完成させる。また世界最大の戦艦「薩摩（一万九三七二トン、三〇・五センチ砲四門）」を明治四十三年に完成させる。

しかし世界の建艦技術は日進月歩で、イギリス海軍が明治三十九年十二月に驚異的な戦艦「ドレッドノート（一万七九〇〇トン、一二インチ《三〇・四八センチ》砲一〇門）」を完成。

この出現により日本が建造中の戦艦「薩摩」を含め世界の戦艦は一気に旧式化した。そこで日本海軍はイギリス海軍を追いかけ、明治四十五年にド級戦艦（ドレッドノート級戦艦という意味）の「河内」（二万八〇〇〇トン、三〇・五センチ砲十二門）と「摂津」を完成。さらにイギリスを凌ぐ世界最強の超ド級戦艦（主砲一三・五インチ以上）として、一四インチ（三五・六センチ）砲八門を搭載する「金剛」級四艦の建造を企図。第一号艦「金剛」を輸入としイギリスのヴィッカース社に発注（完成は大正二年）した。第二艦以降の同型艦「比叡」「榛名」「霧島」は国産とし、三艦は大正三年～大正四年に完成した。

こうして日本海軍は大正四年（一九一五年）頃、イギリス・アメリカ・ドイツに伍して世界第三～四位の海軍国となった。この海軍力があったから日本海軍は第一次世界大戦で同盟国イギリスを支援して英米連合国陣営の勝利に貢献し、わが国は大戦終戦後に創設される国際連盟の常任理事国にイギリス・フランス・イタリアと共に選ばれるのである。

第二次大隈内閣は日英同盟に基づき第一次世界大戦に参戦

オーストリア皇太子夫妻がセルビアの青年に射殺されたサラエボ事件を機に一九一四年（大正三年）七月二十八日に第一次世界大戦が勃発。イギリスが八月四日にドイツに宣戦布告し、同盟国（オーストリア、ドイツ、トルコ、ブルガリア）VS連合国（イギリス、フランス、ロシア、日本、イタリア、アメリカなど）による五年に及ぶ大戦争となった。

世界を支配するイギリスはヨーロッパ戦線へオーストラリア、ニュージーランド、インドなど大英帝国の兵員や資源を総動員して投入した。この動員力が大英帝国の強みだった。

一方、ドイツ海軍はイギリスの兵員・武器・資源などの海上輸送網を断ち切ろうと、太平洋・インド洋・大西洋・地中海などで暗躍した。このため戦場はヨーロッパ大陸だけでなく地球規模で海上の戦いが広範囲に繰り広げられ、海の攻防が勝敗の決め手となった。

第一次世界大戦が始まると太平洋にいたイギリス艦艇はドイツ海軍との主戦場となる大西洋へ引き揚げたので、太平洋がガラ空きになった。すると東シナ海に面する青島《チンタオ》を拠点とするドイツ東洋艦隊が、イギリスの領有する香港や威海衛を奪ったり、太平洋・インド洋へ出撃して大英帝国の海上輸送線を破断する懸念が生じた。

そこでイギリス外相グレー（在任一九〇五年～一九一六年）が第二次大隈重信内閣に、日英同盟の履行として、ドイツ東洋艦隊の脅威を取り除くよう参戦を促し、日本に、

一、オーストラリアやニュージーランドを、ドイツ東洋艦隊の脅威から守ること。

二、ドイツ東洋艦隊の補給基地である太平洋におけるドイツ領諸島を占領すること。

三、ドイツ東洋艦隊を撃滅し、青島にあるドイツ海軍基地を破壊・占領すること。

などを要請したのである。

第二次大隈内閣は、このイギリス外相グレーの要請を受諾し、日英同盟に基づき八月二十三日にドイツに宣戦布告した。

大英帝国の一員であるオーストラリアとニュージーランドは、これまで自国の領海の安全をイギリス海軍に守ってもらっていた。しかし大戦勃発とともに太平洋にいたイギリス軍艦は大西洋へ引き揚げてしまったので青島のドイツ東洋艦隊の脅威にさらされ、オーストラリアとニュージーランドは自国の領海の安全を日本海軍に守ってもらうこととなった。

さらにオーストラリアとニュージーランドは大英帝国の一員としてヨーロッパ戦線へ陸軍部隊を派遣する義務があったが、陸軍部隊を満載した輸送船が途中の航路でドイツ東洋艦隊に撃沈される危険があった。そこで日本海軍はイギリスの要請に応じ、巡洋艦「伊吹」を派遣し、イギリス巡洋艦「ミノトーア」、オーストラリア巡洋艦「シドニー」「メルボルン」とともに、ヨーロッパへ派兵されるニュージーランド陸軍部隊を乗せた輸送船十隻とオーストラリア陸軍部隊を乗せた輸送船二十八隻をアデン港まで護衛した。

こののち日本海軍が、青島のドイツ東洋艦隊を一九一四年十二月に撃滅した。

こうして太平洋・インド洋の制海権が確保されると、オーストラリア艦艇は老朽巡洋艦一隻を残してすべて主戦場の大西洋へ転出したので、オーストラリアは自国の領海を守れなくなった。そこで日本海軍が巡洋艦「利根」「対馬」と駆逐艦四隻を派遣し、オーストラリアやニュージーランドの領海と周辺海域や、マラッカ海峡やインド洋を守ってあげた。

前述のとおり日本海軍は一九一五年（大正四年）頃、イギリス・アメリカ・ドイツに伍して世界第三～四位の海軍力を持っていた。だからイギリス海軍は日本海軍に依存した。

オーストラリアとニュージーランドの領海やヨーロッパと結ぶ海上航路の安全は、日本海軍が守ってあげたのである。

こののちドイツは通商破壊作戦を強化し、一九一七年（大正六年）二月一日に無制限潜水艦戦を宣言した。そこでイギリスは日本海軍に、喜望峰（アフリカ南端）と地中海への艦艇の派遣を要請。日本海軍は同年二月七日に第一特務艦隊（巡洋艦「対馬」「新高」「矢矧」「須磨」および駆逐艦四隻）を編成し、巡洋艦「対馬」「新高」が喜望峰へ、その他の艦艇は南シナ海、インドネシア近海、インド洋などへ出動して哨戒にあたった。

さらにイギリスは地中海の安全確保を日本海軍に要請してきた。そこで日本海軍は第二特務艦隊（司令官佐藤皐蔵少将。巡洋艦「明石」および駆逐艦八隻《「榊」「松」など》）を編成して地中海へ派遣し、イギリス地中海艦隊司令官の下で兵員輸送船の護衛に従事した。

連合国側の輸送船「トランシルヴァニア号」が陸軍将兵三二六六人・武器弾薬を満載して地中海を航行中、一九一七年五月四日にドイツ潜水艦の魚雷攻撃を受け沈没した。このとき日本駆逐艦「榊」と「松」が懸命の救助活動を行い、海中に放り出された乗組員三〇〇〇人を救助した。イギリス公刊戦史は、この救助活動を、

「日本駆逐艦「榊」「松」は、自艦が魚雷攻撃を受ける危険を顧みず、勇敢に行動。巧みな操船で『トランシルヴァニア号』被雷時には三二六六人中三〇〇〇人を救助した」

トランシルヴァニア号から救出された乗員であふれる「榊」

と称えた。またマルタ島基地司令官バラード少将は、第二特務艦隊の活動について、

「第二特務艦隊の司令官佐藤皐蔵少将は、我々の数々の要望に応えてくれた。我々は、その仕事振りに満足している。日本艦隊の支援は貴重である」

と報告。地中海艦隊司令官ディッケンス中将は、

「第二特務艦隊の司令官佐藤皐蔵少将は、私の要望に応じようと、艦隊を常に『即応体制』に維持した。第二特務艦隊は、常に任務を完全に遂行している。日本艦隊は素晴らしい」

と日本海軍を称賛。イギリス国王ジョージ五世は同年五月五日、駐英公使珍田捨己に、

「日本海軍軍人の活躍につき、イギリス海軍指揮官より深謝の報告あり。朕は深く感動し、満足するものなり」

と、感謝の意を表明したのである。

しかし駆逐艦「榊」は、一カ月後の一九一七年六月十一日、病院船の護衛を終えたとき、ドイツ潜水艦の魚雷攻撃を受けて大破し、上原太一艦長即死など五十九人が戦死した。

こうした日本海軍・第二特務艦隊の努力と苦闘についてイギリス議会は、一九一七年末、「日本海軍に対する感謝決議」を採択。イギリス外相バルフォア（在任一九一六年〜一九一九年）

は、一九一八年（大正七年）八月、訪英した日本赤十字代表に、

「今日、日本海軍の支援なしに、イギリスからエジプト、インド、オーストラリア、ニュージーランドへ行くことは出来ない」

と感謝の意を表明。またイギリス前外相グレー（在任一九〇五年〜一九一六年）は、大戦終了後、

「第一次世界大戦において、日本は、イギリスにとって名誉ある忠実な同盟者だった」

と、第一次世界大戦における日本海軍の活動を高く評価した。このように日本海軍が尊い犠牲を払って日英同盟の同盟責任を果たしイギリスの信頼を得たことが、日本の国際的地位を高めたのである。


この間、アメリカが第一次世界大戦開戦三年後の一九一七年四月六日にドイツに宣戦布告。ドイツは降伏し、一九一八年（大正七年）十一月十一日に大戦は終わった。

第二次大隈内閣が「オレンジ計画」を封じ込める

アメリカはドイツに宣戦布告するときまで、太平洋征覇を果すため日本を軍事征服するための「オレンジ計画」に熱中していて、ドイツを対象とした「ブラック計画」は内容が乏しく無いに等しい状態だった。

アメリカ海軍ヨーロッパ方面司令官シムズ大将は、この事情について、

「第一次世界大戦でアメリカが船舶や人命の痛ましい損失に苦しんでいるのは、アメリカが十九世紀的な日本征服計画で緊急性の低い『オレンジ計画』に夢中になっていて、アメリカのライバルである強力な帝国主義国家ドイツを仮想敵国とする『ブラック計画』をないがしろにし、その内容がいい加減で馬鹿げたものだったからである」

と苦言を呈した。

第二次大隈内閣がイギリスを支援し連合国の一員として第一次世界大戦に参戦したことが、オレンジ計画の最大矛盾を露呈させた。イギリスを支援してドイツと戦った日本はアメリカの友軍となったのだから、アメリカがオレンジ計画を発動して日本を軍事征服することは、イギリスの味方である日本を攻撃するという根本的矛盾に直面したからである。

わが国にとって最大の軍事的脅威である「オレンジ計画」を空洞化させたものは、第二次大隈内閣がイギリスを支援してドイツと戦い、アメリカの友軍となったことなのだ。

前述のとおり日本海軍はペリー砲艦外交を機にアメリカを仮想敵国として創建された。

しかしそののちアメリカは異常な執念で日本征服を目指すオレンジ計画を策定し、大統領セオドア・ルーズベルトは日本海軍を威嚇するためグレート・ホワイト・フリートを来日させた。日本海軍は「八・八艦隊」を必須としたが、これは財政上の理由でなかなか進まない。

かかるなか第二次大隈内閣はイギリスを支援して第一次世界大戦に参戦し、アメリカの友軍になってドイツと戦い、オレンジ計画を空洞化させたのである。

こうして大隈は、日本海軍のアメリカに対する恐怖心を軽減させた。

第二次大隈内閣が日本陸軍の対ロシア恐怖心を軽減させた

連合国陣営はイギリス、ロシア、日本、アメリカなどから構成されており、ロシアも日本とともに連合国陣営に属しているのだから、日本が連合国陣営の一員となったことで、日本陸軍の対ロシア恐怖心も軽減した。

ロシア陸軍は日露戦争に負けた後もシベリアに盤踞し、いつ対日復讐戦争を挑んでくるか知れない不気味な存在だった。しかしロシアは第一次世界大戦で連合国側に参加しており、日本も連合国側の一員として参戦したのだから、ロシアは日本の友軍となったのだ。

こうしてロシアと日本の軍事的緊張が緩和し、日本陸軍の対ロシア恐怖心が軽減した。日本が連合国陣営に参加したことにより、日本海軍の仮想敵国アメリカからの「オレンジ計画」という軍事的脅威と、日本陸軍の仮想敵国ロシアからの軍事的脅威が軽減した。だから日本陸海軍の軍備拡張の必要は低下し、国内政治が安定するようになったのである。

第二次大隈内閣が経済財政問題を一挙に解決

第一次世界大戦は、日露戦争後にわが国を苦しめてきた①不況、②失業増・低賃金・社会不安、③財政赤字、④外債の償還困難、⑤貿易赤字・外貨不足の「五重苦」を、一挙に吹き飛ばした。第一次世界大戦でヨーロッパ列強が死闘を繰り返している間、日本は「海軍による参戦」にとどめたため損害が少なく、むしろ経済的利益を得た。

ヨーロッパ商品の輸入が途絶したため、日本国内で輸入品から国産品への代替が進んだ。日本商品はアジア市場へ進出し、貿易は大正四年から輸出超過に転換したので、外貨収入により外債償還も進んだ。大正三年に十一億円の債務国だった日本は、大正九年には二十七億円以上の債権国となる。

戦中・戦後をつうじて世界市場で船舶需要が増加したが、世界的な船舶不足だったので日本の海運業・造船業は空前の好況となり、船成金がぞくぞくと誕生。日本は世界第三位の海運国となった。明治末期から大正期にかけて軍艦建造という造船業を振興したことが産業連関の相乗効果を発揮させ、八幡製鉄所は拡張され、電気機械の国産化が進み、産業振興・貿易立国により国民生活も向上。税収増加により財政再建が可能となり、工業生産額は農業生産額を凌駕し、わが日本は農業国から工業国へ転換し、世界の五大国となる。

第二次大隈内閣が連合国陣営の一員として第一次世界大戦に参戦したことにより、日露戦争後からわが国を苦しめてきた五重苦を吹き飛ばし、満願成就を果したのである。

大隈重信は大正天皇から深く信頼された

前述のとおり明治天皇は、議会政治への道を開いた文治派の伊藤博文と、陸軍・内務省・警察に基盤を置く武断派の山県有朋の「二枚のカード」を持っており、伊藤博文を愛し、山県有朋を嫌っていた。しかし伊藤博文は明治四十二年に暗殺されてしまった。

すると最高権力を握った山県有朋は大正天皇を意のままに操ろうとし、大正天皇が政治に関与することを妨害した。大正天皇も山県有朋を嫌い、山県が訪問しても面会せず女官に要件を伝言させるだけのこともあった。

それにひきかえ大正天皇の大隈首相に対する信頼は絶大で、

「左右を退けてしきりに話し込まれ、大臣が拝謁を願い出ても、『待たせよ』と仰せたまうこともあると承る。(大隈)侯は余りのことに恐縮して拝辞せんとするも、(大正天皇は)『まあよい』と仰せ出され、(引き留められ)た」(『大隈侯一言一行』)

と記録されている。

大正天皇は、旧態依然たる元老より、政府を率いる総理大臣の意向を尊重した。

このことについて侍従長正親町実正は、後に、

「ほかの元老だとすぐに退出されるが、大隈侯はいつも十五分とか二十分というように、長時間にわたって大正天皇のご下問に応答せられていた」

と証言している。

首相大隈重信は大正天皇から深く信頼され、相談相手となったのである。

第七章　元老山県有朋に潰された大隈内閣

反英主義者山県有朋に近づく政友会の原敬

伊藤博文が明治四十二年に暗殺されると、文治派伊藤博文と武断派山県有朋の間で左右に揺れていた「振り子」は山県有朋の側に固定し、日本の政局に計り知れないマイナス効果を及ぼした。これが大正三年（一九一四年）に七十六歳になった山県有朋の老害である。

かつて尊王攘夷運動に身を投じた伊藤博文は文久三年（一八六三年）に藩命により井上馨・山尾庸三・遠藤謹助・井上勝（長州五傑とよばれる）と共にイギリスへ密航して国際感覚豊かな親英派になったが、山県有朋は反英主義を貫く武人としての生涯を歩んだ。

すなわち長州出身の元老三人のうち、イギリスへ密航した伊藤博文と井上馨はそれなりに国際感覚を身につけたが、武人山県有朋は生涯を通じて反英主義を貫徹したのである。

大正政治史の後半は、伊藤博文の死去により最高権力を手にしたうえ老害が肥大化した山県有朋を、「老人ころがし」の名手原敬が手玉に取って転がすプロセスが伏流水となる。

そもそも山県有朋は長州藩奇兵隊出身であり、原敬は奥羽戊辰戦争で薩長軍に敗れた盛岡藩出身であり、両者は明治維新後も腹中に怨念を蔵し、ともに相容れない政敵だった。

山県は長州出身者を優遇して、奥羽同盟出身者を「賊軍風情が……」と蔑視して排斥。

奥羽同盟側で盛岡藩二十万石の家老の家柄だった原敬は、身分が低かった山県有朋を、「足軽風情の出身だけあって心が卑しい」

と軽蔑し嫌っていた。

明治維新後、山県有朋は藩閥・陸軍・内務省を基盤として政党政治を蛇蝎のように嫌い、原敬は政友会に基盤を置いて藩閥・陸軍に対抗。両者は激しい対立を繰り返した。

前述のとおり両者は第二次西園寺内閣における「二個師団増設」で対立。政友会最高幹部の原敬内相が二個師団増設を却下し陸相上原勇作が辞任したとき、元老山県有朋は後任陸相を出さず第二次西園寺内閣を潰した。そして後継の第三次桂内閣が「二個師団増設予算と軍艦建造予算を国防会議にかけ再調整」との妥協案を示すと、反撃に出た原敬ら政友会は憲政擁護運動の気勢をあげ、第三次桂内閣を組閣以来五十三日で倒した。

こののち原敬の政友会は、海軍と組んで山本権兵衛内閣を樹立。山本権兵衛内閣の内相原敬は「二個師団増設は絶対に認めない」と却下し、元老山県有朋を激怒させた。

こうして政友会の勢威が陸軍を凌ぐようになると元老井上馨が山県有朋の意を汲み、政友会を退治するため、後継首相に大隈重信を擁立。第二次大隈内閣は衆議院を解散して政友会を少数野党に転落させて安定多数を確保し、「二個師団増設予算」を成立させた。

このように原敬は山県有朋の不倶戴天の政敵であり、大隈重信は山県有朋の味方だった。

しかるに政友会総裁原敬は第二次大隈内閣の衆院解散で政友会が少数野党に転落し政争に敗北すると、臆面もなく政敵山県有朋に近付き、「老人ころがし」を仕掛けるのである。

山県有朋の心象風景の原点

そもそも長州藩奇兵隊に身を投じた山県有朋の心象風景の原点は、「武人としての栄達」と「戦死への恐怖」の相克だった。

山県有朋は下級武士を自称しているが、実際は中間《ちゅうげん》という足軽未満の身分だった。足軽は最下級の武士で戦闘要員だが、中間は足軽未満の非戦闘員である。

戦《いくさ》に負けて落ちのびたとき敵に捕まったら、足軽は武士だから殺されたが、中間は非戦闘員だから殺されることなく無罪放免となった。よきにつけ悪しきにつけ武士である足軽と、非戦闘員である中間の間には、越えがたい大きな身分格差(?)があった。

山県有朋

若い頃、山県有朋は中間奉公に出されて金銭出納事務などの実務につき、また長州藩藩校明倫館の用務員として雇われ、同年代の藩士生徒が学ぶ姿を横目で眺めながら耐えがたい屈辱を味わった。藩校明倫館の用務員だった山県有朋は、ある雨の日、校門前で藩士生徒とすれ違うとき、しきたりどおり下駄を脱いで挨拶したが、はずみで泥が跳ねて藩士生徒の袴の裾を汚した。激怒した藩士生徒の剣幕に、雨の中、山県有朋は土下座して平謝りに謝った、という。

苛酷な境遇からの脱出を熱望した山県有朋が槍術師

範を夢見て槍の稽古に励んでいた文久三年（一八六三年）五月十日、長州藩攘夷急進派が下関海峡に碇泊中のアメリカ商船ペムブローグ号を砲撃。五月二十三日にフランス通報艦キンシャン号を、五月二十六日にオランダ軍艦メジュサ号を砲撃した。すると報復のため六月一日にアメリカ軍艦ワイオミング号が下関海峡へ進入して長州藩砲台を砲撃。六月五日にはフランス軍艦セミラミス号、タンクレード号が長州藩砲台を砲撃した。

これに反発した長州藩は農民・町人を積極的に登用し、高杉晋作が奇兵隊を結成すると、山県有朋は躊躇なく奇兵隊に入隊した。武断派山県有朋のスタートである。

下関戦争という無謀

長州藩砲台はアメリカ軍艦とフランス軍艦からの報復砲撃で破壊されたが、長州藩攘夷急進派はへこたれるどころか強く反発。破壊された前田砲台・壇ノ浦砲台など主要砲台を修復し、下関海峡に面する長州藩領内の諸砲台を懲りずに再構築した。さらに対岸の九州小倉藩領も武力占領して、小倉側にも砲台を構築した。長州藩攘夷急進派は、大砲の射程距離の短さを、本土長州藩領の砲台と九州小倉側の砲台との「挟み撃ち」によってカバーする体制をとり、外国船の下関海峡通過を阻止したのである。

イギリス公使オールコックは、長州藩の強い攘夷の意思を見て、武力解決を目指し、「貿易を妨害している封建貴族とその家臣に打撃を与え、彼らが懸命に整備している軍備が文明諸国の武力に対しいかに無力であるかを知らしめ、列国に対する敵対行動がどれほど危険で愚劣であるかを実地に示して迷夢を覚まさせるため、敵対行為を続行している長州侯に積極的に武力を用い、その砲台を粉砕し、その暴行をこらしめるべきである」

と主張し、列国を誘った。オールコックの主導により四国連合艦隊十七隻（イギリス九艦、フランス三艦、オランダ四艦、アメリカ一艦）が下関海峡へ入って、元治元年（一八六四年）八月五日、長州藩砲台への砲撃を開始した。長州藩の主要な砲台は破砕され、弾薬庫が爆発。翌六日以降、四国連合艦隊からイギリス海軍陸戦隊二千人、フランス軍海兵隊三百五十人、オランダ軍海兵隊二百人、アメリカ軍海兵隊五十人計二千六百人が上陸し、前田砲台および壇ノ浦砲台を占領。兵舎を焼き、大砲を破壊し、民家二十三戸を焼き尽くし長州藩は完敗した。

これが「下関戦争（馬関戦争とも下関砲撃事件ともいう）」である。

そもそも長州藩攘夷急進派が無辜のアメリカ商船、フランス通報艦、オランダ軍艦を砲撃した凶暴な攘夷行動に、まったく大義は無い。

幕府は日米和親条約・日米通商条約を締結して開国したのに、長州藩は開国に反対する激しい攘夷運動をおこし、狂暴にも下関海峡航行中の無辜の外国船を砲撃して欧米列強の軍事介入を招いた。全面戦争になりかねない危機的状況下で、幕府は新撰組などが治安維持にあたり、徳川慶喜が「日米通商条約」と「兵庫開港」の勅許を得て開国を完成させた。

日本が欧米列強の植民地にならず独立を保ったのは、血気にはやる長州藩攘夷急進派の暴発を徳川政権が押え込み、開国を実現して無謀な攘夷戦争を回避したからなのである。

しかるに長州藩攘夷急進派は、おろかにも、

「英米が強大な軍事力を背景に日本を征服しようとしているのに、無為無策な幕府は英米の要求に唯々諾々と従うばかりである。このままでは英米に侵略され植民地にされてしまうので、草莽の志士が立ち上がって幕府を倒し、英米に大攘夷戦争を挑むべきである」

との攘夷思想を掲げた。若き日の山県有朋は、攘夷気分が高揚する長州藩内において、

「日本侵略のため迫りくる欧米勢力に大攘夷戦争を挑み、戦争の恐怖に打ち克って武人として栄進する」

ことしか頭の中に無かった。

山県有朋は全生涯をこういう妄想に中に生きたのだから、誰も止めることはできない。山県の妄想を抑えることができるのは、伊藤博文くらいしかいなかったのである。

伊藤博文は前述のとおりイギリスへ渡って国際感覚豊かな「親英派」になったが、伊藤博文が明治四十二年に暗殺されると、陸軍・内務省・警察を基盤とし権力指向が強烈な「反英主義」の山県有朋が権力を一手に握り、日本の政局は「伊藤博文の親英主義」から「山県有朋の反英主義」へ大転換してしまうのだ。だから始末におえない。

下関戦争のとき、山県有朋は奇兵隊軍監として壇ノ浦支営を指揮した。開戦直前、眼前の関

門海峡に四国艦隊十七隻が威容を見せると、山県有朋は配下の奇兵隊士たちに、

「酒を飲め！　飲め！　肴は無いが、眼前の敵艦が最上の肴じゃ！」

とカラ元気をつけたが、結果は惨敗だった。長州藩砲台は砲撃を浴びて次々に破壊され、四国連合艦隊が陸戦隊・海兵隊を上陸させると、奇兵隊は撃破されて逃散。みじめな敗北となった。山県有朋も恐怖に駆られ、恥も外聞もなく命からがら逃げた。

山県有朋は、このとき以来、生涯をつうじて「骨の髄までイギリス嫌い」になった。

このことが、のちのわが日本に大きな不幸をもたらすのである。

山県有朋の軍事外交思考

軍事のことしか頭になく視野の狭い武断派山県有朋は、

「日本侵略のため迫り来る欧米勢力から、わが日本を守らねばならぬ」

と考えてロシアの南下に強い危機感を抱き、日清戦争（一八九四年〜）の六年前の明治二十一年（一八八八年）、『軍事意見書』で、

「ロシアは、冬季に利用可能な良港を求める筈で、いずれ、朝鮮半島を侵略するだろう」

と懸念を表明。明治二十三年（一八九〇年）三月の『外交政略論』では、

「シベリア鉄道が完成した暁に、朝鮮半島は危難に陥る。朝鮮の独立が失われれば、日本は頭上に刃を受ける情勢になる」

と危機感を募らせた。また日清戦争開戦十カ月前の『軍備意見書』では、

「中国・韓国は既にイギリス・フランス・ロシアに侵略されかけている。今後十年以内に、東洋で災いが起こり、その際、日本の敵となるのはイギリス・フランス・ロシアであろう」

と論じた。日清戦争の直後、わが国がロシア、ドイツ、フランスから三国干渉（一八九五年）を受けると、山県有朋は、

「ロシア、ドイツ、フランスが白色人種連合を結成して、日本に軍事的圧迫を加えている」

と危機感を強め、さらに日露開戦五年前の明治三十二年（一八九九年）十月の『対韓政策意見書』で、

「ロシアは朝鮮半島南端に軍艦碇泊所を占領しようとしている。ロシアが馬山浦などを軍艦碇泊所に借用せんと朝鮮政府を脅迫する場合は、日本の存亡・興廃に係る重要問題として、日露開戦やむなし！」

との覚悟を主張した。

そして山県有朋は、日露戦争が終結した後は、

「アメリカはイギリスやドイツと『欧米白色人種連合』を組んで日本を侵略しようと目論んでいる。欧米白色人種が連合して日本侵略を狙う以上、日本は中国・韓国と『黄色人種連合』を結成し、黄色人種連合のリーダーとして白色人種連合に対抗するしかない！」

と危機感を募らせた。この思いが、やがて「大東亜共栄圏」の思想となっていく。

これが日本陸軍の総帥である山県有朋の、一生涯変わることなき妄念ともいうべき軍事外交思考だったのである。

親英主義の外相加藤高明VS反英主義の元老山県有朋

前述のとおり二個師団増設予算は政友会原敬の反対により第二次西園寺内閣でも山本権兵衛内閣でも却下されたが、第二次大隈内閣が可決成立させて山県有朋を満足させた。大隈重信は、このように山県有朋の味方だった。

しかるに山県有朋は、こののち第二次大隈内閣に執拗な倒閣運動を仕掛け、総辞職へ追い込む。この様子は、作っては壊し、また作っては壊す「壊し屋」のようであり、気難しい陶工が焼きあがった作品を「不出来！」と言って壊すようでもあり、第二次大隈内閣の卓抜した政治業績に対する老人特有の嫉妬《ジェラシー》でもあった。

山県有朋がこういう老醜をさらしたのは、第二次大隈内閣の解散により少数野党へ追い落とされた政友会の総裁原敬が山県有朋に近付き、有ること無いこと第二次大隈内閣の悪口を吹き込んだからでもあるが、とくに最大の理由は反英主義の山県有朋の「欧米白色人種連合による日本侵略に備えて中国・韓国と『黄色人種連合』を組むとの軍事外交思想」と、親英路線の第二次大隈内閣の外相加藤高明の「英米との協調により平和と繁栄を希求する外交方針」が、まったく相容れず真正面から激突したからである。

日露戦争に勝った日本は驕ることなく、慎重かつ注意深く英米など列国の意向を汲んで英米重視の国際協調に努め、大正時代という平和な時代を築いた。

その主役が、かつて第一次西園寺内閣の外相だった親英派の加藤高明である。

既に見たとおり加藤高明は第一次西園寺内閣（外相加藤高明、陸相寺内正毅）の外相として日露戦争の戦後処理にあたったとき、山県有朋の愛弟子である陸相寺内正毅（長州出身。明治三十九年に陸軍大将へ昇任）を説得して、

「陸海軍の軍備拡張要求はもっともだが、財政状態が厳しい。外交において同盟国イギリスとの親交を深め、国防上の脅威を緩和させることにより、軍事予算の膨張を防ぐ」

との基本方針を定めた。これは戦後日本の吉田茂がとった「日米同盟による軽武装により経済発展を図り高度成長を実現した政策」の先駆けとなるものである。

外相加藤高明は、具体策として、前述のとおり、

一、日露戦争後、陸軍を満州から撤兵させてイギリス・アメリカとの外交摩擦を回避し、

二、アメリカとは移民送出を自主規制する「日米紳士協定」を締結して引き下がると同時に、交換条件として「日本の満州における特殊な勢力圏」をアメリカに認めさせ、

三、ロシアの友好国フランスと親交して、日本陸軍の仮想敵国ロシアを孤立させ、

四、孤立したロシアに「韓国と満州における日本の一定の権利」を認めさせた。

外相加藤高明は、こうした国際協調外交により国防上の脅威を緩和し、日本陸海軍の不安を軽減させて軍事予算の抑制を図ったのである。

外相加藤高明の国際協調外交が成立するには、満州からの陸軍撤兵が第一歩となる。そこで外相加藤高明は陸軍撤兵を唱えたが陸軍参謀総長児玉源太郎大将から却下され、外相を辞任した。すると元老伊藤博文が前面に出て「満州問題に関する協議会（明治三十九年五月）」で児玉源太郎大将をねじ伏せ、陸軍の満州撤兵を決定した。

こうして加藤高明が企図した国際協調外交の「第一歩目の満州の門戸開放」がようやく実現。加藤高明の国際協調外交の第二歩目以降は、後任の外相林董により実現される。

ところが撤兵反対の元老山県有朋・参謀総長児玉源太郎大将ら山県有朋グループVS英米協調派の元老伊藤博文・首相西園寺公望・外相加藤高明ら伊藤博文グループ、という対立の構図のなかで、伊藤博文が明治四十二年に暗殺され死去。

元老山県有朋が最高権力者になると撤兵反対派が勢いを盛り返し、西園寺公望・加藤高明ら英米協調派を次第に圧迫していく。そして山県有朋が病死（大正十一年）した後も、山県の思想的後継者によって、わが国は英米との対立を深めていくのである。

前述のとおり強大な軍事力を誇るアメリカが、日露戦争後、日本征服計画である「オレンジ計画」を一段と磨きあげ、虎視眈々と日本の軍事征服を狙っていた。

山県有朋は、こうしたアメリカの野望を肌で感じていたからこそ、帝国国防方針（明治四十年）を取りまとめ、陸軍と海軍の軍備計画を同じテーブルに載せた。

これほどまでに山県有朋が恐れた「オレンジ計画」を封じ込めたのは、前述のとおり第二次大隈内閣（外相加藤高明）が第一次世界大戦に連合国陣営の一員として参戦し、イギリス・アメリカの友軍となってドイツと戦い、「オレンジ計画」の最大矛盾を露呈させ空洞化させたことなのである。

しかるに七十六歳になった山県有朋は、最早、こんな明白な事実を理解出来なくなっていた。この頃、山県は既に耄碌していたかもしれない。これが老害というものなのだろう。

そもそも日本が、日本征服を目指す最大の軍事的脅威である「オレンジ計画」から逃れるには、二つの方策しかない。

第一の道は、日本はアメリカと建艦競争を進めて、アメリカ海軍を凌ぐ大海軍を建設し、アメリカ海軍を封じ込める。アメリカがイギリス・フランスなどと「欧米白色人種連合」を組むなら、日本は中国・韓国と「黄色人種連合」を結成して「東亜共栄圏」を形成し「黄色人種連合の盟主」として「白色人種連合の欧米勢力」と戦う、という山県有朋ら長州攘夷思想の系譜である。昭和前期の日本は、この道を選び、日本国民は苦難の軍拡経済に耐え、日本軍将兵は米英に敵対して勇猛果敢に戦った挙句、力尽きて大敗北を喫した。

第二の道は、日本は「日英同盟」を堅持し、イギリスの後盾を得て、アメリカを牽制し「オレンジ計画」を空洞化させる。もしヨーロッパで大戦争でも起きれば躊躇なくイギリスを軍事支援し、アメリカにオレンジ計画発動としての「対日開戦の口実」を与えない「第一次世界大戦型の外交基本方針」である。これが第二次大隈内閣の外相加藤高明の外交方針だった。

元老山県有朋が第二次大隈内閣の外相加藤高明に強い不満を持ったのは、骨の髄までイギリス嫌いの山県有朋が「第一の道」を採り、親英派の加藤高明は「第二の道」を採り、両者の外交基本方針が、感情的対立を含んで、根本的に激突したからである。

この政治抗争は「最高権力者元老山県有朋の勝ち。外相加藤高明の敗け」となって終わるが、これこそ太平洋戦争敗戦にいたるわが日本の不幸への道であった。

前述のとおり第一次世界大戦が勃発（大正三年七月二十八日）すると第二次大隈内閣（首相大隈重信、外相加藤高明、蔵相若槻礼次郎）は「第二の道」を選び、大正天皇は大隈首相・加藤外相を支持して八月十五日の御前会議で参戦を決定。日本は日英同盟に基づいて連合国陣営に参加し、戦勝国になって国際連盟の常任理事国になった。これこそ大正期におけるわが日本の栄光だったのである。

第二次大隈内閣に対する山県有朋の倒閣運動

日本の連合国陣営への参加はオレンジ計画を無力化させるベストの選択だった。しかるに「第一の道」をとる反英主義の山県有朋は、第二次大隈内閣が親英路線を選び山県ら元老の意向を徴さず大正天皇を抱き込んでイギリス陣営に加わり、第一次世界大戦参戦を決定したことに強い不満を示し、第二次大隈内閣の倒閣運動を開始する。山県有朋は対ドイツ宣戦布告の直後、大隈重信首相・加藤高明外相・若槻礼次郎蔵相あてに意見書を提出し、

「第一次世界大戦は、ゲルマン人種（ドイツ）とスラブ人種（ロシア）の抗争に、アングロ・サクソン人種（英米）が絡んだ『人種戦争』である。彼ら白色人種は今は互いに戦っているが、やがて早晩和解し、その後、白色人種は大同団結し、イギリスを領袖として日本・中国など『黄色人種』に襲いかかって来るに違いない。だから日本は、第一次世界大戦でのイギリス支援には慎重であるべきで、中国の袁世凱を支援して日中連携を深め、『黄色人種連合』を組んで、迫りくる『白色人種連合の襲来』に備えるべきである」

との、荒唐無稽な妄念ともいうべき外交認識に基づく「日中提携論」を唱えた。

七十六歳になった山県有朋は第一次世界大戦での両陣営の死闘を見て、突如、青年期の下関戦争の恐怖がよみがえり、荒唐無稽な妄念ともいうべき外交認識にとらわれたのである。

「親英主義」の外相加藤高明は、元老山県有朋の「反英主義」に閉口した。

外相加藤高明は、アメリカが日本を軍事征服する野望をたくらんでいることを肌で感じ、日英同盟を主軸に据えて、アメリカの日本征服の野望を封じ込めようとしている。

しかるに内閣任免権を持つ最高権力者の元老山県有朋が「反英主義」という妄念に捉われ、「黄色人種連合」を唱えて日英同盟を軽視する以上、加藤高明外相が元老山県有朋に「外交指針のお伺い」を立てれば、ことごとく却下され、日英同盟に基づく日本の安全確保は実現できないだろう。このため親英主義の外相加藤高明は、反英主義の元老山県有朋に「外交指針のお伺い」を立てなかったのである。加藤高明は、外相就任以来、

「外交は外務大臣が自己の責任において行う」

とし、外交文書を元老へ回付せず、外交重要案件について元老の意見を徴さず、元老の干渉を排除した。

山県有朋は、加藤高明外相が元老の干渉を排し「親英外交」を行っていることに激怒し、

「元老が外交問題について政府に勧告するのを『干渉』と忌避するなら、元老は政府と絶縁する！」

と激語。加藤高明外相を、

「加藤（高明）には国家という概念がない。かかる短見の外交にては、国家の前途は憂慮に堪えぬ！」

と痛罵。

元老山県有朋と第二次大隈内閣の外相加藤高明は、反英か親英か、外交基本方針を巡って激突した。


政友会の原敬は、第二次大隈内閣の解散・総選挙（大正四年三月の第十二回衆議院総選挙）で少数野党へ転落した後、虎視眈々と挽回の機会を狙っていたが、

「反英主義の山県有朋と親英主義の外相加藤高明が第一次世界大戦参戦問題で激突した」と聞くと、チャンス到来とばかりに、早速うごめき出した。原敬は政治屋《ポリティシャン》の本領を発揮して、年来の宿敵山県有朋に近付き、

「大隈重信や加藤高明のような信望無き連中では、この重大事に対処出来ない。大隈内閣を総辞職させ、山県閣下が出馬して総理に就任し、国家の大事に当たるべきである！」

みたいなことを言って、提灯を付けた（調子を合わせて唆《そその》かすこと）のである。


元老山県有朋は、大正天皇が山県有朋ら元老を排除して大隈首相・加藤外相を支持し第一次世界大戦に参戦したことに強い不満を抱き、第二次大隈内閣の倒閣運動を開始した。

こうして、もともと仲が悪かった大正天皇と元老山県有朋はついに激突した。

第二次大隈内閣が大正四年度予算案の前提として、大正三年（一九一四年）十二月七日から始まった第三十五回帝国議会に「二個師団増設」を提出し否決されるとき、

「内相大浦兼武が、師団増設に賛成するよう、野党政友会の議員に現金を渡し買収した」という「大浦事件」が、大正四年（一九一五年）五月に発覚し、七月に入ると政界の注目を集めるようになり、世間の指弾を浴びて内閣総辞職の危機に直面した。そこで大浦は責任を取って七月三十日に辞任し、すべての公職から退き政界を引退する。

首相大隈重信も「監督責任を取る」として七月三十一日に大正天皇に辞表を提出した。

しかし大隈首相を支持していた大正天皇は、大隈を、

「それには及ばず」

と慰留し、元老に相談せず八月三日に大隈首相の辞表を却下。大隈内閣の危機を救って、山県有朋の倒閣運動を阻んだ。そこで大隈は八月十日に内閣改造（内相一木喜徳郎、外相石井菊次郎、蔵相武富時敏、海相加藤友三郎）を行って、政局を乗り切った。この大隈首相の留任について、長州閥の長老三浦梧楼は八月中旬、

「大隈は天皇に巧言をもって御心に投じている。天皇は山県より大隈を近付けている」

と述べている。

山県は大正天皇が元老に相談せず独自の判断で大隈に留任を命じたことが気に入らず、大正天皇に元老への下問を求めた。そして下問を受けると、わざわざ元老会議を開いて留任の結論を出して大正天皇に上奏した後、元老大山巌とともに大隈を訪れて留任を勧告する、という二度手間をとった。

大隈は大正天皇の支持を得て山県に対して優位に立とうとしたのに対し、山県は、「大正天皇は未熟で統治の技量が不充分であるから、すべて元老に相談し、天皇みずからの意思を表に出さないよう」

大正天皇を輔育（指導すること）しようとし、大正天皇を間に挟んで、山県と大隈の抗争が激化したのである。

元老山県有朋の倒閣運動は、周到かつ執拗だった

そこで山県有朋は、自分が支配下に置いている貴族院での予算案否決をチラつかせた。

山県有朋の支配下にある貴族院が、第三十七回帝国議会（大正四年十二月一日～）で「大正五年度予算案否決」による第二次大隈内閣打倒を策す倒閣運動を仕掛けると、第二次大隈内閣は再び総辞職の危機に直面したのである。

窮地に陥った大隈首相は、窮余の一策として、自分を支持してくれる大正天皇にすがり、「大正天皇から『詔勅』を出してもらって、貴族院で大正五年度予算案を通過させよう」

としたが、倒閣を策す山県有朋は、大隈重信に面会を求めて内閣総辞職を勧告。

山県有朋は、万策尽きた大隈重信から、

「議会閉会後に必ず総辞職するから、貴族院での予算案通過をお認め願いたい」

との言質を取ると、腹心で貴族院を牛耳る貴族院勅選議員田健次郎を通じて予算案通過の手

筈を整え事態を収拾。第二次大隈内閣退陣への道をつけた。

第二次大隈内閣の退陣が決まると、次は「後継首相の選定」が政局の焦点となる。

この期に及んでも、大隈首相は粘り腰を見せた。

大隈重信首相は、議会末期の大正五年（一九一六年）三月、山県有朋を訪れ、

「自分は首相を辞任するが、後継首相は第二次大隈内閣の外交をになった親英主義の加藤高明を推したい」

と述べたのである。

元老山県有朋は、当然のごとく即座に拒否した。反英主義者山県有朋の第二次大隈内閣に対する最大の不満は、「親英主義者加藤高明の英米協調外交」だったからである。

このとき山県有朋の後継首相の意中は、自分の直系であり愛弟子である陸軍大将寺内正毅だった。大隈重信は会話のやりとりから「山県有朋の意中は寺内正毅」と察知すると、一歩退《ひ》いて、

「首相寺内正毅・外相加藤高明の組み合わせでどうか？」

と提案した。

大隈重信のいう「首相寺内正毅・外相加藤高明という組み合わせ」も悪い話ではない。

前述のとおり加藤高明と寺内正毅は、日露戦争の戦後処理にあたった第一次西園寺内閣で外相加藤高明・陸相寺内正毅のコンビを組み、加藤外相は寺内陸相を説得して、

「日本外交は、同盟国イギリスとの親交を深めるとともに、敵国同士が連携するのを阻害せしめ、国防上の脅威を緩和させることにより、軍事予算の膨張を防ぐ」

との基本方針を定めている。

大隈重信は、あくまでも「日英同盟を主軸とする第一次世界大戦型の英米協調外交」の継続を目指し、加藤高明を外相に据えて「英米協調外交」を継続しようとしたのである。

しかし元老山県有朋は、大隈重信の「首相寺内正毅・外相加藤高明の組み合わせ」も、却下した。山県有朋の外交方針は「白色人種連合の来襲に備えて中国・韓国と『黄色人種連合』を組み、これを『日露協約』で補強する英米敵視外交」であり、加藤高明の「日英同盟を主軸とする英米協調外交」とは、根本的に相容れなかったからである。

それでも首相大隈重信は、「後継首相に加藤高明を推す」との意向を捨てなかった。

二十数年後の日本の将来を考えれば、山県有朋の「黄色人種連合＋日露協約＝英米敵視外交」ではなく、加藤高明の「日英同盟主軸の第一次世界大戦型の英米協調外交」を継続すべきだからである。

大隈重信は、大正五年六月二十四日、大正天皇に総辞職の内意を伝えたが、山県有朋が後継首相に寺内正毅を推して一歩も譲らないことが明らかになると、辞表を撤回した。このとき大正天皇は、

「然《しか》ラバ、汝《なんじ》、其《そ》ノ儘《まま》、（首相の座に）滞任《たいにん》セヨ」（二上兵治関係文書『大隈首相トノ交渉顚末』）」

との言葉を与えて、大隈重信を首相に留任させたのである。こうして大正天皇・大隈重信VS山県有朋の対立は決定的なものとなった。しかしこの大隈重信の首相留任も退任時期を四カ月遅らせただけだった。貴族院は山県有朋が支配しているのだから、第二次大隈内閣は今後とも重要議案を成立させることができないのだ。かくして第二次大隈内閣は、大正五年十月五日、大正天皇に辞表を提出して総辞職となった。

そうではあったが大隈重信は、最後の力を振り絞って「英米協調外交」を継続しようとし、大正天皇へ提出した辞表のなかに、

「子爵加藤高明は練達堪能の士にして、久しく世の重鎮を荷う。伏して願わくは、陛下哀憐を垂れさせ給い、後継（首相）として、（加藤）高明を、選用し給わんことを」

と、英米協調外交を採《と》る加藤高明を後継首相に推薦する異例の文言を入れて直訴。この内容は新聞で公表された。

しかし首相任免権は大正天皇ではなく元老山県有朋が握っており、後継首相は山県有朋の愛弟子寺内正毅に決定。加藤高明の英米協調外交は排除された。これが結局、太平洋戦争敗戦に至る日本近代史の分水嶺となったのである。

このとき、もし大隈重信が望んだように加藤高明が後継首相に指名され親英主義の加藤外交が継続すれば、のちに第二次世界大戦が勃発しドイツとイギリスが戦ったとき、日本は日英同盟を復活させてイギリスを軍事支援し、日本海軍の巡洋艦を大西洋へ送ってドイツ潜水艦狩りを行い、再び「オレンジ計画」を無力化させてアメリカとの太平洋戦争を回避し、国際社会における名誉ある地位を保ち続けることができたはずである。

日本近代史に、こういう選択肢も有るには有ったのである。

補論　大隈重信の無念

大正天皇VS元老山県有朋の闘い

枢密院議長・元老山県有朋が、大正天皇の支持する第二次大隈重信内閣を圧倒的な腕力で潰し、寺内正毅内閣が大正五年（一九一六年）十月九日に発足すると、大隈重信を支持してきた大正天皇は山県を嫌悪。大正五年十二月以降、三回にわたり、山県に、

「ところで枢密院議長の辞表は、いつ提出するのか？」

と枢密院議長辞任を勧告し、逆襲に出た。そののち大正天皇は首相寺内正毅に対し、

「山県有朋は人望を欠くのではないか？」

と尋ねている。大正天皇は、元老山県有朋を嫌って排除しようとしたのである。

山県有朋は大正天皇の度重なる枢密院議長辞任勧告にたまりかねて大正六年（一九一七年）四月十四日に辞表を提出したが、その一方、裏で気心の知れた元老松方正義（薩摩）と愛弟子である首相寺内正毅（長州）に斡旋させ、大正天皇から、

「引き続き、枢密院議長に留任するよう」

との御沙汰を受け枢密院議長の職にとどまった。後日、山県はこれについて原敬に、

「先帝（明治天皇）の御代なら枢密院議長辞任も差し支えないが、今上陛下（大正天皇）のもとでは、（大正天皇がまだ未熟だから自分が後見する必要があるので）そうもいかない」

と述べ、枢密院議長の地位を去る意思の無いことを明らかにした。

山県は、この前後を境として老齢を理由に枢密院の会議に出席することは少なくなったが、

枢密院を自分の人脈で固め、大正六年三月に山県直系の清浦奎吾を枢密院副議長に昇任させ、枢密院支配を完璧なものとした。さらに山県は、大正六年五月、自分と親しく操縦し易い八十歳を越える高齢の元老松方正義を内大臣に据え、大正天皇を身動き出来ぬよう羽交締めにした。

寺内正毅内閣の対中国外交の失敗

山県の直系である後継首相寺内正毅は山県有朋の外交方針に従い、加藤高明の「英米協調外交」を排し、山県が唱える日本・中国・韓国の「黄色人種連合」を推進しようとした。しかし黄色人種連合の相手と見込んだ中国は四分五裂の状態で、山県が唱えた黄色人種連合の成立要件はまったく無く、寺内正毅内閣の対中国外交は無惨な失敗に終わる。

当時の中国は群雄割拠の時代だった。そこで寺内正毅内閣は山県の意向に従って黄色人種連合を目指し、抗争を繰り返す群雄の中から北洋軍閥安徽派の領袖段祺瑞を選んで軍事支援し、「西原借款」という一億四千五百万円の巨額の円借款を、大正六年一月から供与した。大正六年度一般会計予算が七億三千五百万円だから、その約二割に相当する巨額である。しかし西原借款は焦げ付いたまま償還されなかった。

山県の「日本・中国の黄色人種連合」は、成立要件の無い荒唐無稽な幻だったのである。

寺内内閣のシベリア出兵と米騒動

寺内正毅内閣は「シベリア出兵」を行った。

第一次世界大戦（大正三年《一九一四年》七月〜）が始まったとき、イギリスは日本に、「ヨーロッパの主戦場への日本陸軍十五個師団の派兵」を要請してきた。しかし日本陸軍はイギリスのために十五個師団をスリ潰すことを忌避して断り、前述のとおり日本海軍が連合国陣営に加わった。

こののちドイツが西部戦線で大正七年（一九一八年）三月二十一日から春季大攻勢をかけると、イギリス・フランス等連合軍は苦境に陥った。そこでイギリスとフランスは、ドイツ軍の後背を脅かす「後背陽動作戦」としてのシベリア出兵を企画した。しかしイギリスとフランスは西部戦線の防戦に手一杯でシベリア出兵に投入する兵力が無かったので、兵力に余力のあるアメリカと日本に、シベリア出兵を要請したのである。

アメリカは出兵の決意を固め、大正七年七月八日、日本に共同出兵を提案した。すると元老山県有朋は、

「アメリカとの共同出兵なら問題ない」

と判断し、寺内正毅内閣は大正七年八月二日、シベリア出兵を宣言した。シベリア出兵は日本軍一万二千人、アメリカ軍七千人、イギリス・フランス軍五千八百人の構成だった。しかしそれでは足らず、結局、日本軍は七万二千人を送り込み、九月中旬までにハバロフスク、チタ、

ニコライエフスクを占領した。

シベリア出兵の副作用として、米騒動が起きた。

もともと農業生産が停滞するなか米の消費量が増加し、米価は上昇傾向にあった。

そこへシベリア出兵（大正七年〜）による軍用米の需要増を見込んだ商人が「買い占め」を行ったので、大正六年末頃から米価が急上昇し、庶民生活が脅かされるようになった。

大正七年七月、富山県魚津町の漁民の主婦たちが米の県外への移出を阻止しようとしたのがきっかけで全国的な米騒動が起き、群衆が警官隊と衝突。寺内正毅内閣は軍隊を出動させて鎮圧したが、世論の激しい非難を浴びて同年九月二十九日に総辞職となった。

山県有朋は耄碌しているのではないか？

この前後、山県有朋の身近にいた長州勢の間で、

「山県有朋は耄碌《もうろく》しているのではないか？」

との声が強まっていた。山県の動静は、山県側近の長州勢が最初に気付いたのである。

遠くから見れば美しい富士山も、近くに至れば散乱したゴミが目に付く。

これと同じで、最も早い段階で「山県有朋は耄碌している」と感じ始めたのは、最も身近にいた側近の桂太郎（長州）だった。前述の第一次西園寺内閣（内相原敬、外相加藤高明、陸相寺内正毅）が発足したとき、内相に就任した原敬が山県有朋との関係を顧慮して山県の最側近

の前首相桂太郎に尋ねると、桂太郎は、

「もう山県は耄碌した。山県など、はじめから呑《の》んでかかればよい！」

と言い放って原敬を驚かせた。桂太郎の判断は正しかったであろう。

外から見れば盤石の団結を誇ったかに見える長州閥内部では、山県有朋の身近に居た桂太郎や寺内正毅や陸軍少将田中義一や三浦梧楼らが、

「山県有朋は耄碌している」

との共通認識を持ち、山県有朋の老害に辟易していた。

田中義一は、第二次大隈内閣の中盤の大正四年（一九一五年）二月、次期首相と目された寺内正毅に、

「（山県）元帥は御老人のことなれば、見当違いの繰言《くりごと》も絶無とは申されず、押して御辛抱するように」

と、自重を求めた。

また三浦梧楼は、第二次大隈内閣の末期の大正五年（一九一六年）春、次期首相候補の寺内正毅に、

「貴下が組閣するのは、考えものである。山県有朋が隠居するなら別だが、山県有朋を隠居させることは出来ない。貴下が組閣しても桂太郎と同じ運命に陥るだろう。山県有朋は『児玉源太郎が存命なら』などと言っているが、児玉源太郎が存命だったとしても、桂太郎と同じ運命

をたどっただろう」

と述べ、寺内正毅も三浦梧楼の認識に同意した。

寺内正毅は、首相就任の二カ月前、山県有朋から後継首相就任を勧められたとき、

「自分も六十歳を越えており、子供ではありませんから、何事も山県閣下の御意見に一々従う訳には参りません。組閣の際の閣僚の選考は、自分寺内の自由意思に任せて頂きたい」

と述べ、その場では、山県有朋も諒承した。しかし、いよいよ寺内正毅が組閣を開始すると、山県有朋は人選について様々な干渉を試み、寺内正毅が行った組閣人選について、

「組閣人選を勝手に決めて、その後に報告に来て、それを『相談』というのは不可である！」

と嫌味を述べた。

大隈の終活

一方、失脚した大隈に、することはもう何もなかった。

大隈は大正六年（一九一七年）一月に数えで八十歳となり、天盃と鳩杖《きゅうじょう》（頭部の握りに鳩の飾りがあり、宮中で使用されることを許された杖）を下賜された。そのお祝いとして、五月六日午後、早稲田の邸宅に早稲田大学の校友・教授陣ら関係者四千人を招いて大園遊会がひらかれた。広い庭園には種々の模擬店が設けられ、奇術や曲芸や太神楽が演じられた。これはイギリス流の二大政党制を実現することを目標に人生を駆け抜けた大隈が、政治の座から引退する

「お別れ会」でもあった。

このあと大隈は五月十八日から綾子夫人、娘熊子など総勢十六人で佐賀へ帰郷し、五月十九日午後に佐賀駅へ到着した。前回の帰郷の目的は墓参を名目とした選挙目当ての遊説だったが、今回は故郷の墓所の整備を見届け法要を行う終活の旅だった。

佐賀駅では官民数百人の歓迎を受け、沿道には幼稚園児から中学・女学校生徒まで並んで出迎えた。翌二十日には松原神社、高伝寺、招魂社に参拝。二十一日には大隈家歴代の龍泰寺で法要を行った。そののち大隈は歓迎会などに出席し、訪問客の相手をして二十六日に佐賀を発ち帰京した。この間、これまでと異なり遊説的要素はまったく消え失せ、故郷の墓所の整備を見届け、訪問客を応接する以外に何もない旅だった。

大隈は同年八月二日から避暑のため軽井沢の別荘へ移り、朝は付近の小道を散歩し、土地の人々と語らった。散歩から帰れば、ひっきりなしに来訪する客と客間で会って世界情勢や宗教や政治外交などを論じ、八月二十日に東京へ戻った。

原敬内閣が山県の反英外交を継承

寺内正毅内閣が米騒動で退陣（大正七年《一九一八年》九月）すると、元老山県有朋は後継首相の手駒を失った。もはや山県直系の長州勢のなかに、首相に推すべき人物はいなかった。長州勢は「山県有朋は耄碌している」と山県の老害に辟易し、腰を引いていたからである。そ

こで元老山県有朋は、
一、山県が固執する「反英外交」を継続すること。
二、米騒動のような国内騒乱を未然に防ぎ、国内治安の安定を図れる人物。
として、内相の経験が長い原敬を、後継首相に選んだ。

そもそも原敬は、外交方針について、なんら定見を持っていなかった。だから長州勢が耄碌していると見た山県有朋の「反英外交方針」を受容したのである。

大隈重信・加藤高明は「山県の老害」と闘って敗れ、寺内正毅は「山県の老害」に苦しんで健康を害（糖尿病）したが、政治屋《ポリティシャン》原敬は長州勢が耄碌したと見た山県に「老人ころがし」を仕掛けて、めでたくも長期政権（大正七年《一九一八年》九月〜大正十年《一九二一年》十一月）の甘い蜜を味わうのである。


前述のとおり骨の髄までイギリス嫌いの山県有朋は、第一次世界大戦の死闘を見て青年期の下関戦争の恐怖がよみがえり、黄色人種連合の外交方針を主張し、

「最優先は黄色人種連合、第二優先はロシアとの日露協約、第三優先はアメリカとの妥協」としてイギリスとの関係は「第四優先の劣位」に位置付け、第二次大隈内閣の外相加藤高明の「イギリス最重要視の英米協調外交」を排撃した。

奥羽戊辰戦争以来の宿敵だった原敬はこれを好機と見て山県に近付き、前述のとおり、

「大隈重信のような信望無き連中では、この重大事に対処出来ない。大隈重信を総辞職させるべき！」

と調子を合わせて「老人ころがし」を仕掛け、山県有朋の歓心を買った。

また寺内正毅内閣が前述の「西原借款」に失敗したとき、山県有朋が、

「段祺瑞のみならず、孫文の中国国民党をも支援して段祺瑞と孫文を妥協させ黄色人種連合を成就すべき」

と実現不可能な誇大妄想思想を唱えて寺内正毅を批判すると、原敬は山県に同調して寺内を批判した。原敬は、こうした「老人ころがし」の妙技を見せて山県有朋の歓心を買い、「山県の反英外交」を継続する人物として、めでたく後継首相の座を射止めて反英外交を推進するのである。外交方針になんら定見を持たない原敬は、山県外交を遵奉する内田康哉を外相にすえ、原敬内閣を大正七年（一九一八年）九月二十九日に発足させた。

第一次世界大戦が連合国陣営の勝利となって終わったのは、原敬内閣（外相内田康哉、蔵相高橋是清）が成立して二カ月後の大正七年十一月だった。アメリカは、三年後の大正十年（一九二一年）七月、軍備制限などを討議するため「ワシントン会議」を開くことを提議。日英米仏伊の五カ国を中心に国際会議が開催されることとなった。

アメリカは国内事情により、みずからが提唱した「国際連盟（大正九年《一九二〇年》成

立）」に参加することが出来なかったので、国際連盟に代わる新しい外交戦略の構築を目論み、ワシントン会議の場でイギリスに対し日英同盟の廃棄を執拗に求めるのである。

こののち原敬首相が大正十年（一九二一年）十一月四日に暗殺された。

そこで原敬内閣の蔵相だった高橋是清が九日後の十一月十三日に後継内閣を組閣し、外相内田康哉は留任。ワシントン会議は、内閣交代のさなかの十一月十二日に開催され、日英同盟（大正十一年《一九二二年》七月に期限満了予定）の存続問題が討議された。

外相内田康哉は、骨の髄までイギリスを嫌う山県の反英方針を一貫して遵奉し、ワシントン会議の現場で外交交渉に臨む駐米大使幣原喜重郎に、

「日英同盟の廃棄」

を訓令した。こうして日英同盟は大正十年（一九二一年）十二月に廃棄（失効は大正十二年《一九二三年》八月）され、わが国は太平洋戦争にいたる国際的孤立の落とし穴に落ちたのである。

山県有朋の失脚

耄碌したといわれながらも絶大なる権力を保持し、断固として「反英主義」を堅持してわが国の国是を誤りに導いた山県有朋も、ついに失脚する。

これが大正九年（一九二〇年）五月頃から年末にかけて起きた「宮中某重大事件」である。裕仁皇太子（のちの昭和天皇）と久邇宮邦彦王の長女良子女王の婚約が大正八年（一九一九年）六月十日に発表されたが、一年たった大正九年五月頃、薩摩島津家に由来する色盲の血統があると指摘され、「婚約を解消すべきか否か？」が問題となった。

このとき元老山県有朋と首相原敬は、

「色盲の血統がある良子女王との婚約は、万世一系の皇統に汚れを生じる」

として婚約解消を強硬に主張。「純血論」と呼ばれた。

これに対して久邇宮邦彦王は、

「当家としては御辞退申し上げたのだが、『たっての…』とのことで、大正天皇が認めて婚約が発表されたのである。今更、当方から婚約を辞退する意思はない」

と突っぱねた。

東宮御学問所御用掛杉浦重剛は久邇宮邦彦王を支持して、山県有朋を非難。頭山満・内田良平など右翼の政客も山県有朋を攻撃。皇族や薩摩系の間から、

「婚約解消論は、元老山県有朋・首相原敬ら『邪悪な不忠者』どもが大正天皇の『廃帝・押し込め』を策し、大正天皇の権威を貶しめるべく『陰謀』を画策したもの！」

と流布され、山県有朋は暗殺など身辺の危険さえ危惧されるようになった。

結局、大正十年二月十日、「東宮妃内定の件に変更はない旨」が発表されて、一件落着とな

り、天皇を凌ぐ絶大な権勢を誇った最高権力者山県有朋は、ついに失脚した。

このとき山県有朋は側近に、

「自分はあくまで『純血論』で戦う！　自分は勤王に出て、勤王で討死した！」

と昂奮しつつ語った、という。

山県有朋は一年後の大正十一年（一九二二年）二月一日、気力が萎えたように死去した。

八日後の二月九日に、日比谷公園で、文武の高官参列のもと「国葬」が行われたが、参列者は少なく場内は寂しかった。

わが国が選ぶべき二つの選択肢

一方、大隈は大正十年九月から体調を崩し、食欲不振となって衰弱し大正十一年一月に病死。日比谷公園で大隈重信の「国民葬」が行われ、三十万人余が集まり盛大・雑踏を極めた。

前述の山県有朋の国葬はこの一カ月後で、「東京日日新聞」は、国葬の翌日、

「大隈重信侯は国民葬。昨日（の山県有朋の国葬）は『民』抜きの国葬で、ガランドウの寂しさ」

と伝えた。十数年後の日本の命運に「正しい外交方針」を遺したのは、山県有朋なのか？

大隈重信か？　当時の日本国民は、十数年後の日本の命運を肌で感じていたらしい。

前述のとおりわが日本が採るべき外交基本方針について、山県有朋は黄色人種連合の盟主と

なって「大東亜共栄圏」を確立し英米と戦う「長州攘夷思想」をとった。

一方、大隈重信・加藤高明は日英同盟を堅持して「オレンジ計画」を空洞化させる第一次世界大戦型の「英米協調方針」をとった。

こうして両者は激突し、国論が分裂したのである。

すると首相任免権を持つ元老山県有朋は、親英路線を推進する第二次大隈重信内閣（外相加藤高明）に執拗な倒閣運動を仕掛けて総辞職へ追い込み、後継首相に寺内正毅をさらに原敬を指名。

こののち山県有朋の反英方針を遵奉する外相内田康哉（原敬内閣→高橋是清内閣）が、ワシントン会議の現場で交渉に臨む駐米大使幣原喜重郎に「日英同盟の廃棄」を訓令。日英同盟は廃棄され、わが国は太平洋戦争にいたる国際的孤立の落とし穴に落ちた。

太平洋戦争敗戦への道は、「親英路線」をとって「オレンジ計画」を空洞化させようとした大隈重信首相・加藤高明外相が、長州攘夷思想にもとづき「大東亜共栄圏」を確立して英米と戦う「黄色人種連合」をとる元老山県有朋との権力闘争に敗れた結果なのである。

そして戦後、大東亜共栄圏の確立を目指す黄色人種連合の思想は、今日の外務省チャイナ・スクール（親中派のこと）などに引き継がれた。

大隈重信・加藤高明の「親英路線」と、長州攘夷思想にもとづく「黄色人種連合」という相反する二つの選択肢は、今なお私たちの前に横たわっているであろう。

主な参考文献

大隈重信　伊藤之雄　中央公論新社
大隈重信　中村尚美　吉川弘文館
フルベッキ伝　井上篤夫　国書刊行会
キリスト教と戦争　石川明人　中央公論新社
潜伏キリシタン村落の事件簿　吉村豊雄　清文堂出版
高木仙右衛門覚書の研究　高木慶子　中央出版社
消された信仰　広野真嗣　小学館
戊辰戦争から西南戦争へ　小島慶三　中央公論新社
江藤新平　毛利敏彦　中央公論新社
明治六年政変　毛利敏彦　中央公論新社
明治十四年の政変　久保田哲　集英社インターナショナル
伊藤博文　伊藤之雄　講談社
伊藤博文　瀧井一博　中央公論新社
シーパワーの世界史　青木栄一　出版協同社

アルフレッド・マハン　谷光太郎　白桃書房
米国東アジア政策の源流とその創設者　谷光太郎　山口大学経済学会
サンフランシスコにおける日本人学童隔離問題　賀川真理　論創社
日米危機の起源と排日移民法　三輪公忠編著　論創社
日本海軍地中海遠征記　片岡覚太郎　河出書房新社
日英同盟　平間洋一　ＰＨＰ研究所
加藤高明　伊藤正徳編　大空社
加藤高明と政党政治　奈良岡聰智　山川出版社
日本宰相列伝「加藤高明」　近藤操　時事通信社
山県有朋　伊藤之雄　文藝春秋
山県有朋　岡義武　岩波書店
大正天皇　原武史　朝日新聞社
大正天皇　古川隆久　吉川弘文館

鈴木荘一（すずき・そういち）
1948年、東京に生まれる。近代史研究家。
1971年東京大学経済学部卒業後、日本興業銀行にて審査、産業調査、融資、資金業務などに携わる。2001年退職し、以降歴史研究に専念、「幕末史を見直す会」代表として活動している。
著書に『明治維新の正体』『政府に尋問の筋これあり』（以上、毎日ワンズ）、『日露戦争と日本人』『日本征服を狙ったアメリカの「オレンジ計画」と大正天皇』（以上、かんき出版）、『アメリカの罠に嵌った太平洋戦争』（自由社）、『幕末の天才 徳川慶喜の孤独』『陸軍の横暴と闘った西園寺公望の失意』『昭和の宰相 近衛文麿の悲劇』『名将 山本五十六の絶望』（以上、勉誠出版）、『鎖国の正体』（柏書房）、『名将 乃木希典と帝国陸軍の陥穽』『西郷隆盛と大久保利通の明治維新』『平和の武将 徳川家康』（以上、さくら舎）などがある。

カバー写真撮影：鈴木荘一

明治から大正の危機を救った大隈重信の功績
――議会政治をつくる苦闘の道

2023年10月10日　初版第1刷発行

著者 ――― 鈴木荘一
発行者 ―― 平田　勝
発行 ――― 共栄書房
〒101-0065　東京都千代田区西神田2-5-11出版輸送ビル2F
電話　　　03-3234-6948
FAX　　　03-3239-8272
E-mail　　master@kyoeishobo.net
URL　　　https://www.kyoeishobo.net
振替 ――― 00130-4-118277
装幀 ――― 北田雄一郎
印刷・製本―中央精版印刷株式会社

ISBN978-4-7634-1113-6 C0021